BIBLIOTHÈQUE CHRÉTIENNE

DE L'ADOLESCENCE ET DU JEUNE AGE

Publiée avec approbation
de Monseigneur l'Évêque de Limoges.

Le Sauvetage.

HISTOIRES

DES

NAUFRAGES CÉLÈBRES

OU

AVENTURES LES PLUS REMARQUABLES

DES NAVIGATEURS MODERNES

PAR HENRY DE M....

ancien officier de marine.

LIMOGES

F. F. ARDANT FRÈRES,

7, Avenue du Midi.

PARIS

F. F. ARDANT FRERES,

4, quai du Marché-Neuf.

NAUFRAGES CÉLÈBRES

MODERNES.

NAUFRAGE DU SYDNEY

Sur un récif du Grand-Océan, le 29 mai 1806.

Le *Sydney* quitta Port-Jackson , situé sur la
côte orientale de la Nouvelle-Hollande , le 12
avril 1806 ; il allait au Bengale. Ayant le dessein
de passer par le détroit de Dampierre , je suivis
aussi exactement qu'il me fut possible la route
du capitaine Hogan, commandant *le Cornwallis*,
telle qu'elle est tracée sur les cartes , parce
qu'elle me parut sûre et facile. Mais le 29 mai,
à une heure du matin, nous touchâmes sur un
récif ou banc de corail très dangereux , situé
par les 30° 20' de latitude australe , et les 146°
50' de longitude orientale. Comme il n'est mar-
qué sur aucune carte , je suppose que , pour
notre malheur , nous en avons fait la découverte.

On trouva vingt-cinq brasses à l'arrière, six

brasses à babord , seulement neuf à tribord , et douze pieds à l'avant. On mit aussitôt un canot à la mer avec une grosse ancre , mais en sondant à cinquante pieds du bâtiment, on ne trouva pas fond à soixante brasses.

La marée était certainement haute quand nous touchâmes, car nous n'avions aperçu ni récifs ni brisants ; mais à mesure que la mer baissa , nous découvrîmes un banc et un grand nombre de petits rochers noirs. Le bâtiment avait heurté avec violence : l'avant commença à s'ouvrir. A trois heures , il y avait six pieds d'eau dans la cale , et elle augmentait avec rapidité. A cinq heures, l'arrière de la carène fut échoué , et les euvres mortes se détachèrent.

Ayant tenu conseil avec mes officiers , l'avis unanime fut que le navire était entièrement perdu et que rien ne pouvait le sauver. On s'occupa donc de mettre les canots en état de recevoir l'équipage , composé de cent huit hommes : on embarqua dans la chaloupe huit sacs de riz, six barriques d'eau , un peu de bœuf et de cochon salés ; ces provisions devaient servir pour tout le monde. Notre grand nombre nous empêcha de prendre une quantité plus considérable de vivres , car les trois embarcations suffirent à peine pour nous recevoir tous.

Le 21 , après midi, il y avait trois pieds d'eau dans l'entrepont. Nous jugeâmes en conséquence, qu'il était grand temps d'abandonner le navire à son malheureux sort, et de chercher notre salut dans les canots. Je m'embarquai donc dans la chaloupe avec M. Trounce, premier officier, et soixante-quatorze Lascars. M. Robson et M. Halkart, second et troisième officiers, se mirent dans le canot, et quinze Malais avec un Cipaye dans la yole.

Comme nous désirions constater la position du récif, ce qui pouvait se faire en prenant connaissance des îles de l'Amirauté, nous dirigeâmes notre route entre le nord-quart-est et l'est, vers ce groupe. Le vent fraîchit pendant la nuit. La chaloupe fit beaucoup d'eau ; nous l'allégeâmes en jetant à la mer beaucoup d'objets et deux barriques d'eau. Les trois autres canots naviguèrent de conserve, la chaloupe traînant la yole à la remorque. M'étant aperçu, au point du jour, que le canot marchait beaucoup mieux, je priai M. Robson de prendre la yole à la remorque. Malheureusement le vent augmenta avec le jour ; il survint une grosse houle, et la yole traînée par le canot coula à fond à dix heures. Nous eûmes la douleur de voir périr sous nos yeux les infortunés qui la montaient ; ce qu'il y eut de plus affreux pour nous, il ne nous fut pas possible de leur donner le moindre secours.

Le 22, à midi, nous aperçûmes les îles de l'Amirauté, à trois ou quatre lieues de distance au nord-est ; et d'après la direction que nous avions suivie, en parcourant les cinquante-huit milles de distance, depuis le récif jusqu'à ce point, nous fûmes en état de fixer exactement la position de cet écueil.

En quittant les îles de l'Amirauté nous fîmes route à l'ouest ; et, le 25, nous vîmes une petite île dont l'aspect m'engagea à y aborder pour y faire de l'eau. La pluie ayant mis nos armes à feu hors d'état de servir, je m'armai, ainsi que M. Robson et vingt de nos meilleurs matelots, de lourdes massues apportées de la Nouvelle-Calédonie, au grand étonnement des habitants et je pris terre malgré un ressac très fort : autant que nous en pûmes juger, ils n'avaient jamais vu auparavant des gens de notre couleur. Les hommes étaient grands et bien faits : ils portaient leurs cheveux tressés et redressés au-dessus de la tête : ils ne ressemblaient ni aux Malais ni aux Cafres : et à l'exception de leur teint, qui était cuivré clair, ils avaient les formes et les traits des Européens. Ils étaient absolument nus. Nous vîmes aussi beaucoup de femmes dont les traits étaient doux et agréables.

Nous fûmes reçus par une trentaine de naturels, qui nous donnèrent un coco à chacun. Nous réussîmes à leur faire comprendre que nous avions besoin d'eau ; ils nous firent signe de les accompagner dans l'intérieur de l'île. Après avoir marché pendant près d'un mille, ils nous conduisirent dans un bois épais. Voyant que le monde s'accroissait rapidement, je jugeai qu'il était imprudent d'aller plus loin ; je retournai donc au rivage, et je fus alarmé de trouver un rassemblement de plus de cent cinquante naturels armés de lances de dix à douze pieds de long. L'un d'eux, vieillard d'un aspect vénérable, et qui avait l'air d'être leur chef, s'avança et jeta sa lance à mes pieds ; ce qui signifiait, à ce que je suppose, qu'il désirait que nous nous défissions de même de nos massues. Nous apercevant, en ce moment, qu'une troupe de femmes avaient saisi l'étambot du canot, et qu'elles s'efforçaient de le tirer à terre, nous nous dépêchâmes de gagner la chaloupe. Les naturels nous suivirent pied à pied ; quelques-uns dirigèrent leurs lances sur nous pendant que nous faisions retraite : il y eut même quelques unes de ces armes de lancées, mais heureusement sans succès. Il nous sembla qu'ils les maniaient très maladroitement. Quand j'entrai dans l'eau, deux ou trois insulaires me suivirent, en me menaçant de leurs lances, et quand je fus à portée de la chaloupe, l'un d'eux me lança son arme que M. Robson s'empressa de parer. Nous étions déjà dans la chaloupe et nous poussions au large, lorsqu'ils nous assaillirent d'une grêle, de traits. Il tomba au moins deux cents lances dont une seule blessa grièvement mon cuisinier; elle entra imédiatement au-dessus de la mâchoi er et lui perça la bouche.

Après avoir échappé à cette rencontre périleuse, nous poursuivîmes notre route jusqu'au détroit de Dampierre aussi heureusement que le permettait notre état. Alors les Lascars, se voyant à portée de la terre, témoignèrent une grande impatience d'être débarqués. Je les exhortai vainement à ne pas nous quitter : ils ne voulurent écouter aucune représentation ; ils me déclarèrent qu'ils aimaient mieux trouver la mort en mettant pied à terre , plutôt que de mourir de faim en restant dans les canots. Cédant à leurs importunités, je finis par me décider à les débarquer à la pointe du nord-ouest de l'île de Céram, d'où ils pouvaient en deux ou trois jours gagner Amboine. Le 9 juin , nous nous trouvâmes vis-à-vis de cette partie de l'île et M. Robson consentit à mettre à terre un certain nombre des hommes du canot, puis à revenir à la chaloupe , et à abandonner ensuite le canot au reste des gens de l'équipage qui désiraient se joindre à ceux que l'on aurait déjà débarqués. Il alla donc à terre avec le canot : mais, à mon grand chagrin, après l'avoir inutilement attendu deux jours, il n'y eut pas d'apparence de le voir revenir , non plus que le canot.

Nous conclûmes que nos gens avaient été retenus par les Hollandais ou par les naturels ; cependant , comme le reste des Lascars demandait à être débarqué, nous nous potrâmes vers la côte , et nous les mîmes à terre près du point où nous supposions que le canot avait débarqué son monde.

Nous n'étions plus que dix-sept dans la chaloupe; savoir : M. Trounce , M. Halkart, quatorze matelots Lascars et autres et moi. Nos provisions consistaient en deux sacs, de riz et une barrique d'eau entamée , que nous supposions pouvoir durer jusqu'à Bencoulen , où nous nous décidâmes à aller au plus vite. La ration de chaque homme fut fixée à une tasse de riz et à une pinte d'eau par jour ; mais nous jugeâmes nécessaire de réduire beaucoup cette quantité.

En passant par le détroit de Bantam , nous vîmes plusieurs troupes de Malais qui ne prirent pas garde à nous : il y en eut cependant une qui nous donna la chasse pendant un jour , et qui aurait fini par nous atteindre si nous ne nous fussions pas échappés à l'aide d'une nuit très noire. Nous débouquâmes ensuite du détroit de Saypay , où nous prîmes un gros requin : cette capture précieuse nous redonna du courage. Nous nous dépêchâmes de la tirer à bord , et nous fîmes rôtir le monstre à un feu que nous allumâmes dans le fond de notre embarcation. Nous avions une faim si dévorante , qu'à la fin du jour il ne restait pas la moindre trace de cet énorme poisson qui ne pesait pas moins de cent cinquante livres. Mais nous en fûmes sévèrement punis : le lendemain nous souffrîmes tous, dans l'estomac et les entrailles , de douleurs violen-tes qui nous fatiguèrent beaucoup , et nous ré-duisirent à un tel état de langueur et d'abatte-ment, que nous commençâmes à désespérer sé-rieusement de notre guérison.

Le 2 juillet , je perdis un vieux et fidèle do-mestique qui mourut de faim. Le 4 , nous eûmes connaissance de la pointe de Java ; nous prîmes en même temps deux grands poissous qui nous procurèrent un repas bien essentiel à notre conservation. Le 9, à minuit, nous mouillâmes vis-à-vis de Poulo-Pinang , sur la côte occiden-tale de Sumatra ; mais, au point du jour, quand nous voulûmes lever notre ancre pour nous

approcher de la côte , nous étions si exténues ,
que toutes nos forces réunies ne purent effectuer
cette opération.

Nous fîmes alors un signal de détresse. Un
champan , monté par deux Malais, vint à nous.
Comme j'étais le seul homme à bord qui eût
encore assez de force pour se remuer , j'allai à
terre avec eux; mais je me trouvai si faible en dé-
barquant, que je tombai par terre, et l'on fût obligé de me porter à une maison voisine. On envoya
aussitôt à ma chaloupe tous les rafraîchissements
que l'on put se procurer, et nous nous remîmes
avec tant de promptitude qu'en deux jours nous
fûmes en état de continuer notre voyage. Nous
levâmes l'ancre le 12 juillet , et le 19 nous arrivâmes à Bencoulen.

J'y rencontrai un ancien ami , le capitaine
Chauvet , commandant *la Persévérance*. Je me
fais un plaisir et un devoir de reconnaître tout
ce que je dois à sa bonté et à son humanité. Le
souvenir m'en sera éternellement cher. Le lendemain de mon arrivée , j'allai voir M. Pan, rési-
dent anglais, qui me combla d'attentions.

Je partis, le 17 août , sur *la Persévérance*, et
j'arrivai, le 27, à Pinang, où je fus agréablement
surpris de rencontrer M. Robson, mon premier
maître, qui avait débarqué à Céram avec les
Lascars. Ils avaient heureusement atteint Amboine, où M. Cranstoun, gouverneur hollandais,
les avait accueillis avec une humanité et une
bienveillance qui font le plus grand honneur à
son caractère : il fournit à tous leurs besoins; il

fit manger Robson à sa table, lui donna à son départ d'Amboine de l'argent pour lui et pour ses gens, et refusa d'en recevoir aucune espèce de quittance ou de reconnaissance. Enfin il remit à Robson des lettres de recommandation très chaudes pour le gouverneur-général de Batavia. On ne peut trop faire connaître cette conduite d'un gouverneur envers des étrangers avec qui son pays est en guerre. Robson s'embarqua à Amboine, sur *la Pallas*, frégate hollandaise qui allait à Batavia ; elle fut prise dans cette traversée par deux vaisseaux anglais, et amenée à l'île du prince de Galles.

De Pinang, j'allai au Bengale sur *le Varuna*, capitaine Dension, et j'arrivai heureusement à Calcutta au commencement de mai 1807.

NAUFRAGE DU NAVIRE LA DOBROYA NAMERENIA

en 1807.

Nous empruntons au *Voyage dans le nord de la Russie asiatique*, par M. Saner, les détails de cet événement et les faits intéressants qui s'y rattachent.

Le 17 mai 1807, le débaclement eut lieu sur la Léna ; et, le 22, nous traversâmes cette rivière pour gagner l'Yarmank, où l'on nous avait fait préparer des chevaux. Lispravinsk de Yakoutks nous accompagnait. La rivière avait inondé tout le pays, et elle chariait beaucoup d'arbres et de glaçons.

Nous nous hatâmes de nous mettre en route, pour atteindre le lieu où la rivière de Mayo se jette dans l'Aldan. J'ai déjà parlé des plaines qui s'étendent entre Yakoutks et l'Aldan, ainsi je ne les décrirai pas de nouveau ; je dirai seulement que, cette fois-ci, nous nous arrêtâmes dans le village d'Amginskoï, habité par cent soixante-huit colons sibériens. Ils ont été envoyés pour y établir la culture du blé ; mais la terre ne paie pas généreusement leur travail. Elle ne produit du blé que pour leur seule consommation, encore ne leur en fournit-elle pas toujours assez : il y a même des années où ils n'en recueillent pas un seul grain. Les habitants d'Amginskoï vivent en grande partie des profits qu'ils font avec les Yakoutks et les Tongouths de leur voisinage, auxquels ils vendent de l'eau-de-vie et de la petite quincaillerie. — Ils nous apprirent qu'aucune des hordes errantes des Tongouths n'était encore arrivée à l'Ous'-Mayo.

Nous demandâmes aux habitants d'Amginskoï comment était le chemin qu'il fallait suivre pour se rendre directement sur les bord de l'Aldama et de l'Oulkam, parce que le capitaine Billings avait promis de joindre le capitaine lieutenant Zaritscheff à l'embouchure de l'une de ces rivières : mais ils représentèrent ce chemin comme étant si mauvais, que le capitaine Billings renonça à y passer. En conséquence, il dépêcha un cosaque aux Yakoutks habitants des plaines voisines, avec un ordre de l'ispravinsk qui leur enjoignait d'envoyer immédiatement seize chevaux à l'Aldan Stanok, pour nous conduire à Okhostk par l'ancien chemin.

Le jeudi, 31 mai, nous arrivâmes à l'Oust-Mayo-Pristan, vis-à-vis de l'embouchure du Mayo. Aussitôt nous en fîmes informer le prince des Tongouths, qui a résidence environ dix verstes plus haut, sur les bords de l'Aldan. Ce prince est le chef de tous les Tongouths, et beaucoup d'Yakoutks lui sont soumis. Il est très respecté des deux nations, et il est agent du gouvernement russe auprès des Tartares Mongouls qui vivent sur les frontières de la Chine, ainsi qu'auprès des Tongouths et des Yakoutks.

Le prince tongouth vint nous joindre le premier juin, de fort bonne heure. Il nous dit que le chemin que le capitaine Billings s'était proposé de prendre était très difficile ; que les députés des hordes errantes n'étaient pas encore arrivés ; qu'il enverrait une lettre au capitaine-lieutenant Zaritscheff, et que si cet officier était sur la côte, près de l'embouchure de l'Oulkan ou de l'Aldama, on en aurait la réponse dans vingt jours. En conséquence, le capitaine Billings écrivit à M. Zaritscheff pour le prier de le venir le trouver sur-le-champ à Okhotsk, parce qu'il comptait que les deux vaisseaux qu'on y construisait étaient déjà prêts à être lancés.

L'on nous procura des bateaux, et le 4 juin, nous commençâmes à descendre l'Aldan. Le 7, à six heures du soir, nous arrivâmes à l'ancien embarcadère de l'Aldan, qui est à cent cinquante verstes du lieu de notre départ. Depuis huit jours, le temps était pluvieux et orageux.

Nous ne trouvâmes à l'embarcadère ni les chevaux demandés aux Yakoutks, ni le cosaque qui était allé les chercher ; mais l'on nous fournit douze chevaux de trait, avec lesquels nous nous mîmes en route, le 8 juin à midi, pour Okhotsk, et nous y arrivâmes le 21. Le plus grand des vaisseaux en construction était déjà prêt à être lancé, et l'autre ne pouvait pas tarder à l'être. Tous les objets destinés pour l'expédition étaient arrivés en bon état, et toutes les personnes qui devaient en être paraissaient remplies d'ardeur et de santé. Vers la fin du mois, le capitaine-lieutenant Zaritscheff arriva à Okhotsk, d'après la lettre qui lui avait été écrite de l'Oust-Mayo-Pristan.

Le docteur Merck s'était rendu sur les montagnes de Mariakan, pour y recueillir des objets d'histoire naturelle. On lui manda de revenir à Okhotsk, attendu que nous devions mettre en mer le 15 août.

Vers la mi-juillet, on lança le plus grand de nos deux vaisseaux. Il sortit heureusement du chantier ; mais les hauts-fonds de la rivière furent cause qu'on mit près de trois semaines à le faire descendre à l'entrée de la baie, où il reçut une partie de ses agrès.On le fit alors passer sur les bancs de sable qui sont en dehors de la baie, et il mouilla à cinq mille au large, par six brasses d'eau sur un fond de sable et de pierres.

Nous nous servîmes de nos galiotes de transport pour porter à bord du vaisseau les canons, les munitions navales et les vivres. Il eût été inutile et dangereux d'embarquer ces objets pendant que le vaisseau était dans la baie ; car il n'aurait pas pu franchir les bancs de sable, même avec tout son lest. D'après les ordres de l'impératrice, ce vaisseau fut nommé la *Slava-Rossia*.

Le 8 août, nous lançâmes le second vaisseau, auquel on donna le nom de la *Dobroya-Namerenia*. Il fut gréé et prêt à faire voile dans les premiers jours de septembre. Cependant il fallut attendre les fortes marées pour lui faire passer hauts-fonds. On chargea les objets les plus pesants dans une galiote qui se tint prête à l'accompagner.

Dans la soirée du 7 septembre, le capitaine Billings résolut de faire sortir ce vaisseau de la baie le lendemain matin. M. Loftoff, premier pilote du port d'Okhotsk, fut chargé de le conduire, et de faire tenir armés tous les canots du port, pour qu'en cas que le vent faiblit on pût touer le vaisseau. Les canots de la *Slava-Rossia* furent également prêts à aider à la sortie de la *Dobroya-Namerenia*. Le capitaine-lieutenant Hall qui avait le commandement de ce vaisseau, coucha à bord.

Le 8, à six heures du matin, je me rendis à bord pour chercher un livre que j'avais laissé dans la chambre. Avant que j'eusse atteint le vaisseau, le capitaine Hall me demanda si j'apportais des ordres pour qu'il sortît de la baie. Je lui répondis que non, et je lui demandai, à mon tour, s'il croyait qu'il fût possible de sortir. Le vent était favorable, mais très faible. Une forte houle venait du sud-ouest, et la lame se brisait contre le rivage avec une extrême violence. Je pensais, d'après cela, que la brise allait passer au sud-ouest; en outre, le temps était très brumeux.

Le capitaine Hall me dit qu'il ne croyait pas qu'on pût mettre en mer, et que certainement il ne sortirait pas de la baie, à moins qu'il n'en reçût l'ordre exprès, et que le capitaine Billings ne vînt lui-même à bord.

M. Koch, commandant du port d'Okhotsk, était à bord du bâtiment de transport, en arrière de la *Dobroya-Namerenia*. Il demanda au capitaine Hall s'il devait le suivre.—« Non, répondit le capitaine Hall, à moins que vous ne vouliez être jeté à la côte : mais certes, moi, je ne sortirai pas, si je puis l'éviter. »

A sept heures et demi, le capitaine Billings se rendit à bord ; et après un court entretien avec le capitaine Hall, il répondit aux objections de ce dernier : — « Le pilote en décidera. » — Le pilote arriva. Le capitaine Hall le pria de considérer tout le danger qu'il y avait à sortir, et ajouta que peut-être M. Leftoff ne songeait pas assez à la différence qui se trouvait entre un vaisseau tel que celui dont il allait se charger et une galiote de soixante tonneaux.

Le capitaine Billings observa qu'il ne croyait pas le danger aussi grand que le disait le capitaine Hall. En même temps il insista sur la nécessité de mettre en mer pendant les hautes marées, parce que la saison était déjà avancée, et qu'il désirait pouvoir hiverner sur la côte nord-ouest de l'Amérique.

Le pilote assura qu'on ne courait pas le moindre risque à sortir. Alors le capitaine Hall enjoignit à l'équipage d'obéir aux ordres de M. Loftoff, et déclara qu'il ne voulait avoir aucun commandement pour faire sortir le vaisseau ; mais qu'en cas de besoin, il donnerait tous les secours qui dépendraient de lui

A huit heures, la mer étant pleine, et le

jusant commençant, on donna des haussières a
six chaloupes ou canots, et on leva l'ancre. Le
vent avait entièrement cessé, mais la houle était
toujours très forte. Les canots touèrent le vaisseau dans la passe, en lui faisant présenter la
proue à la lame. Mais lorsque le premier canot,
qui était le plus grand, et avait je crois seize
avirons, se trouva au milieu des brisants, il fut
presque rempli d'eau, et les hommes qui le conduisaient lâchèrent leur haussière. Le vaisseau
tangea excessivement. L'esquif qui était le long
du bord, se trouvant engagé dans les chaînes de
l'avant, eut toute sa proue sous l'eau, et deux
hommes qui étaient dedans furent emportés par
la lame. Soudain tous les canots de touage aban-
donnèrent leurs haussières pour porter du
secours aux hommes qui venaient d'être emportés ; mais ils n'en purent sauver qu'un.

Le vaisseau, abandonné à la merci des flots,
fut jeté à la côte et y resta immobile. A neuf
heures un quart, il se leva une petite brise du
sud-ouest. On coupa les mâts pour alléger et
dégager le vaisseau, mais ce fut en vain. La
marée descendait, et bientôt il resta à sec.

Il n'y avait pas de temps à perdre. On prit
dans le vaisseau naufragé tout ce qui fut possible
d'en ôter, et on résolut de se rendre au Kamtschatka avec un seul vaisseau, pour en construire
un autre petit, pendant l'hiver, avec les débris
de celui qui venait de se perdre. N'ayant pas le
temps de le démolir, on prit le parti d'y mettre

le feu ; car c etait le moyen le plus prompt d'en retirer le fer. Cela fut exécuté le 9 septembre.

Le jour du naufrage, le vent du sud-ouest souffla le matin avec peu de force ; mais le res sac frappait la côte avec tant de violence que l'eau rejaillissait jusque près de l'église d'Okhotsk. Le vent fraîchit l'après-dînée, et à minuit le temps était parfaitement calme.

Le naufrage de la *Dobroya-Namerenia* avait été prédit par les superstitieux habitants d'Okhotsk, et ils fondaient cette prédiction sur ce qu'au printemps on avait vu une volée considérable de corneilles qui combattaient dans les airs, et faisaient un bruit épouvantable. L'un de ces oiseaux fut tué par les autres, et tomba sur le pont de la *Dobroya-Namerenia*, qui était alors en construction. Les autres corneilles fondirent à l'instant sur le vaisseau, dévorèrent celle qui était tombée, et n'en laissèrent d'autres vestiges que les plumes. Cet événement singulier, dont nos officiers, nos charpentiers, nos matelots, et tous les habitants d'Okhotsk furent témoins, arriva dans le temps qne j'étais à Yakoutks.

J'ai cru devoir faire dans le plus grand détail, le récit de la perte de la *Dobroya Namerenia*. J'ajouterai seulement qu'au milieu de ce désastre, on fut heureux que le vaisseau n'eût pas atteint les brisants ; car, s'il se fût trouvé là, il aurait été inévitablement fracassé, et il ne se serait pas sauvé une seule des personnes qui étaient à bord. Le capitaine Zaritscheff était à bord de la *Slava-Rossia*, mouillée à cinq milles au large, et n'avait pas un seul canot.

La matinée du 10 aurait été extrêmement favorable pour faire sortir le vaisseau de la baie. Le vent du nord souffla jusqu'à onze heures, et tourna ensuite au sud-ouest. Je fus envoyé, avec la grande chaloupe, à bord de la *Slava-Rossia*, pour y conduire une partie des munitions, une ancre et un câble.

Le capitaine Zaritscheff me témoigna combien il regrettait de n'avoir pas été à terre, pour s'opposer à ce qu'on fît sortir la *Dobroya-Namerenia* par un temps aussi défavorable. Il me dit aussi qu'il était très fâché qu'on eût brûlé ce vaisseau, mais qu'il rendait grâce au ciel de ce que le seul homme qui eût péri dans ce désastre n'avait ni femme, ni enfants, ni parents connus. Le corps de ce malheureux fut trouvé flottant à peu de distance de la *Slava-Rossia*, et cet aspect porta un sentiment de tristesse dans l'âme de tous ceux qui était à bord.

Le soir, je profitai de la marée pour retourner à Okhotsk. Le lendemain matin, le capitaine-lieutenant Bering se rendit à bord, et le capitaine-lieutenant Zaritscheff vint à terre.

Le 14 septembre, nous reçûmes un courrier de Pétersbourg qui nous apprit que la guerre était déclarée entre la Russie et la Suède. Dans les dépêches adressées au capitaine Billings, on lui recommandait la plus grande économie, et on lui enjoignait même de retourner immédiatement à Pétersbourg, si nous n'étions pas déjà

dartis d'Okhotsk, ou du moins prêts à faire voile.
Ces ordres avaient pour motifs, le premier, la ra-
reté de l'argent, qui était devenu extrême
en Russie, et le second, le besoin d'officiers de
marine et de matelots.

Vers le soir la brise du sud-ouest souffla avec
force, et toute communication fut interrompue
entre le vaisseau et le port.

Le 15 la brise du sud-est fut carabinée. Nous
observâmes plusieurs fois de terre que le vaisseau
chassait sur ses ancres, et nous vîmes que ses
mâts de hune étaient abattus. Comme le vent
continuait à souffler avec la même violence,
nous allumâmes plusieurs feux sur le rivage. La
Slava-Rossia avait un fanal au haut de ses mâts.

Le 16, la brise était aussi impétueuse que la
veille. Nous vîmes avec nos lunettes de longue
vue que le vaisseau avait trois ancres en avant.
Malgré cela il chassait souvent, et nous trem-
blions de le voir à tout instant jeté à la côte. Il
y avait peu de monde à bord, et point de canot.
La nuit fut tempêtueuse ; il plut beaucoup.
Nous eûmes soin d'entretenir encore des feux
sur la plage.

Le 17, nos craintes augmentèrent avec le
vent. Nous ne nous aperçûmes pas que le vaisseau chassât encore sur ses ancres ; mais les
brumes le dérobèrent souvent à nos regards.
Enfin vers le soir, à notre grande joie, le vent
se calma. Le 18, de grand matin, nous envoyâmes
à bord tous les gens qui y étaient nécessaires,
ainsi que divers effets provenant de la *Dobroya-*

Namerenia. Nous employâmes tous les canots que nous avions.

Le vaisseau avait chassé sur ses ancres plus d'un mille au nord-ouest, et se trouvait par trois brasses et demi d'eau. Quarante brasses plus loin, il aurait été sur les hauts-fonds.

Dans la matinée du 19 septembre, la terre fut couverte de quatre pouces de neige. Le capitaine Billings, et tous ceux qui devaient s'embarquer sur la *Slava-Rossia*, se rendirent à bord. Vers midi nous levâmes l'ancre, et nous fîmes voile avec une légère brise du sud-ouest, en gouvernant au sud-est.

Le 22, nous vîmes au sud-ouest, et à environ quarante mille de distance, une île environnée de rochers détachés. Nous jetâmes la sonde, et nous ne trouvâmes que douze brasses d'eau. La petite île que nous aperçûmes n'était marquée sur aucune carte : nous lui donnâmes le nom d'*Ile de Jonas*.

Le 28, nous dépassâmes la montagne d'Alaid, montagne très remarquable qui s'élève du sein de la mer et se termine en cône. Quelques-unes des personnes qui étaient à bord prétendirent l'avoir vue autrefois, par un temps très clair, de trois cent cinquante verstes de distance. Cette montagne est située à vingt milles au sud de la pointe du Kamtschatka. Le même jour nous passâmes entre la seconde et la troisième des îles Kouriles, et le premier octobre nous arrivâmes dans le port de Saint-Pierre et Saint-Paul.

Dans cette courte navigation, il ne nous arriva

rien de très intéressant. Nous eûmes un temps très orageux et une lame courte qui fatiguait beaucoup le vaiseau, jusqu'au moment où nous entrâmes dans l'Océan Pacifique. Là nous éprouvâmes une différence de climat étonnante; l'air y était très doux. Au Kamtschatka, la tem pérature était également agréable. Les jardins des Kosaques étaient remplis de choux et d'autres plantes potagères. Les environs du port offrent les plus beaux points de vue, et forment le plus beau paysage qui ait jamais frappé mes regards. Les habitants nous parurent jouir d'une brillante santé, et vivre dans l'abondance et le contentement. En un mot, tout était là absolument l'opposé de ce que nous avions vu et senti sur les bords de la Kovima.

Nous déchargeâmes et dégréâmes notre vaisseau ; nous construisîmes des baraques pour l'équipage, et nous logeâmes dans les maisons de la ville. Nous étions trois ou quatre officiers dans chaque chambre, encore ces chambres étaient-elles très petites ; mais avant le commencement de l'hiver, nous construisîmes de nouveaux logements, et dès lors nous fûmes fort à notre aise, sans gêner les habitants, avec qui nous vivions en très bonne intelligence. Le poisson et le gibier abondent au Kamtschatka Nous y avions des choux, des pommes de terre, des carottes, des navets, autant que nous en voulions, ainsi que d'autres racines et d'autres herbages qui croissent sans culture et sont excellents. L'on y cueille plusieurs espèces de b..es, en assez grande quantité pour que les habitants en fassent une boisson qui est très agréable Pour nous, nous fîmes en outre de la bière avec du spruce, et nous avions une grande proision de bonne eau-de-vie de France.

Nous recûmes la visite de Virochagin, prêtre de Paratounka. Il était accompagné de sa famille. J'avoue que j'eus un très grand plaisir à voir des personnes avec qui s'étaient liés d'amitié plusieurs de mes compatriotes qui accompagnèrent le capitaine Cook dans son dernier voyage autour du monde. Rien de plus tonchant que l'air de sensibilité, d'attachement et de vénération qui animait la physionomie de ces bons Kamtschadales, toutes les fois que nous citions les noms de King, de Bligh, de Philips, de Webber et de quelques autres Anglais; noms qui, dans le Kamtschatka, parviendront à la postérité dans une chanson qui y a été composée en leur honneur; et dont le refrain est sur un air très connu en Angleterre. Cette chanson est souvent et très bien chantée, surtout chez Virochagin, à Paratounka, dans la famille de qui elle a été faite.

Virochagin et les siens témoignèrent beaucoup de regrets de la mort du capitaine *Clerke*. On a gravé sur une plaque de cuivre l'épitaphe qui avait été mise sur la planche qui couvre la tombe de ce navigateur, et on a attaché cette plaque à l'arbre sous lequel est la tombe. On lit de plus au bas de la plaque .

« —Érigé, en 1787, par LA PÉROUSE, commandant de l'expédition de France. »

Non loin du tombeau du capitaine Clerke est
une croix de bois, déjà usée par le temps, laquelle indique la place où est enterré le natura
lists *Lisle de La Croyère*, mort dans l'expédition
du commodore Berring.

Pendant notre séjour à Saint-Pierre et Saint
Paul, nous fîmes de fréquentes excursions, e
nous rendîmes souvent visite aux habitants voisins. Ils nous accueillirent toujours amicalement,
s'empressant de nous témoigner leur bienveillance et leur joie par des chansons et par des
fêtes.

Le beau temps dura jusqu'au 16 novembre,
jour où il tomba de la neige, et qui parut être le
commencement de l'hiver. Le thermomètre de
Réaumur descendit de deux, trois et quatre
degrés au-dessus du point de la congélation

Cependant il était nécessaire de chercher
l'endroit le plus commode où nous puissions
construire un vaisseau pour accompagner la
Slava-Rossia. La seule espèce d'arbre qu'on
trouve dans les environs de la baie d'Avatcha
est le bouleau ; sur les bords de la rivière du
Kamtschatka il y a de vastes forêts de sapins,
de pins communs et de mélèzes. Le capitaine
Billings résolut d'aller visiter ces forêts avec le
capitaine Hall, et d'établir un chantier dans la
basse ville pour y bâtir un cutter.

Les capitaines Billings et Hall, M. Bakoff et
M. Robeck, partirent pour leur excursion dans
le haut Kamtschatka le 24 novembre. Le capitaine Zaritscheff resta chargé du commande

ment. Le docteur Merck, M. Varonin, un em-
pailleur d'oiseaux et quelques autres personnes,
se mirent en route, le 4 décembre, pour aller
visiter des sources chaudes et recueillir des
objets d'histoire naturelle. Vers les fêtes de
Noël, le major Schmaleff, commandant du dis-
trict du Kamtschatka, vint nous joindre, et sa
présence accrut la bonne intelligence et la joie
qui régnaient dans notre société.

On envoya une partie de nos gens à Blochoï-
retsk et à Virchnoï, pour que les habitants de
Saint-Pierre et Saint-Paul ne fussent pas gênés
par un trop grand nombre d'hôtes. On fit, en
même temps, passer dans la basse ville divers
objets nécessaires à la construction du vaisseau,
pour lequel on préparait déjà les bois.

Nous passâmes un hiver très agréable. Nous
allâmes souvent à Bolchoïretsk, et dans les autres
endroits voisins. Nous avions tous les plaisirs
que peut offrir le Kamtschatka, et nous jouis-
sions d'une santé parfaite. Le froid n'était ordi-
nairement que de cinq à huit degrés. Le thermomètre ne descendit jamais au-dessous de
dix-huit degrés, et il n'y resta même que quelques
heures. Il tomba beaucoup de neige.

Dès le commencement du mois de mars, le capitaine Billings nous rassembla tous dans le port
de Saint-Pierre et Saint-Paul, pour nous faire part
des dépêches qu'il venait de recevoir de Pétersbourg. Ces dépêches confirmaient la nouvelle
de la guerre entre la Suède et la Russie, et an-
annonçaient que *le Mercure*, corvette suédoise,

montée de seize canons, et commandée par un M. Coxe, était envoyée dans les mers du Kamtschatka et à la côte nord-ouest de l'Amérique, pour détruire le commerce de pelleteries qu'y faisaient les Russes. Il nous était enjoint d'empêcher l'exécution de ce projet.

Vers la fin d'avril, il n'y eut plus de glaces dans le port de Saint-Pierre et de Saint-Paul. Mais les montagnes voisines étaient encore couvertes de neiges, excepté les endroits les plus exposés au soleil, endroits où la végétation commençait.

Le premier mai, tout l'équipage de *la Slava-Rossia* se rendit à bord, et ce vaisseau fut toué dans la baie d'Avatcha. Le temps était beau et calme. Nous cueillîmes un peu d'ail sauvage, et nous remarquâmes que l'aubépine commençait à bourgeonner.

Nous avions en batterie seize canons de bronze de trois livres de balles. Le 2 mai nous embarquâmes la poudre. — Nous observâmes que, pendant la pleine lune et à chaque changement de quartier, la mer était haute dans le fond de la baie à quatre heures quarante-trois minutes. Les plus hautes marées montaient de six pieds.

Les calmes et les vents contraires nous retinrent dans la baie jusqu'au 9 mai. Une brise légère de nord-ouest s'étant levée ce jour-là, nous mîmes à la voile à quatre heures du matin pour sortir de la baie, dirigeant nos routes au sud-est, et suivant autant que nous pûmes le milieu du chenal.

A huit heures du matin, nous étions déjà à deux lieues du fanal de Kamtschatka, lequel se trouvait alors à quinze degrés au nord-ouest de notre vaisseau. Nous déterminâmes notre posi-ion géographique. Elle était à quarante-deux egrés quarante-neuf minutes de latitude nord et à cinquante-huit degrés quarante-septminutes à l'est du méridien de Greenwich. Nous prîmes de là notre point de départ, et à midi nous nous prouvâmes à cinquante-deux degrés quarante-six minutes quatre secondes de latitude, et à cent cinquante-huit degrés cinquante-quatre minutes de longitude.

A sept heures et demie du soir, le volcan d'A-vatcha nous restait à trente-cinq degrés au nord.ouest, et le fanal à soixante-dix-huit degrés dans la même direction. Bientôt nous perdîmes la terre de vue. Le temps était gris et froid ; à minuit le thermomètre marquait un degré au-dessus de la glace. Le vent soufflait du sud, mais avec peu de force ; la lame venait du sud-ouest et s'élevait à une très grande hauteur.

Le 10, nous eûmes une légère brise du sud-ouest. La mer était très agitée et le temps brumeux. Nous gouvernâmes au sud-est. Le 11, à midi, nous prîmes hauteur. — Dans le cours de la journée, nous vîmes plusieurs volées de canards, et une très grande quantité de mouettes, d'éperviers, de perroquets de mer, et quelques phoques. Nous aperçûmes une planche qui semblait avoir fait partie du bordage d'un vaisseau.

L'après-midi, le temps fut très brumeux et très froid.

Le 12, le vent souffla du sud, et la brume continua. Nous vîmes des baleines, des veaux, et des oiseaux pareils a ceux que nous avions vus la veille.

Dans la matinée du 13, le capitaine Billing assembla tous les officiers, et leur communiqua ses instructions. Il leur dit en même temps que son intention était de visiter les îles au sud d'A-laksa, sur la côte nord-ouest de l'Amérique, parce que l'archipel des Aléoutes était placé sur les cartes avec tant d'inexactitude qu'il croyait trop dangereux de naviguer dans ces parages avec un seul vaisseau dans la saison des brouil-lards.

La brise du sud fraîchit. Nous dirigeâmes notre route à l'est-nord-est. A midi, nous déterminâ-mes, par estimation, la latitude et la longitude du lieu où nous nous trouvions. Vers le soir le vent devint très variable, et les brumes couvri-rent de nouveau l'horizon. — Le 14 et le 15, le vent souffla de l'est, nous eûmes de fréquents intervalles de calme. — Le 16, le vent redevint variable, et les brouillards furent extrêmement épais et humides. A midi, nous vîmes des volées de canards et de petits oiseaux qui allaient vers l'est. Nous vîmes aussi flotter du goëmon. l'après-midi, le vent souffla assez fort du sud-ouest. Nous gouvernâmes à l'est-quart-de-nord. Nous vîmes plusieurs volées d'oiseaux.

Le 17, nous eûmes des vents variables et de

la pluie. A midi nous prîmes hauteur.— A quatre heures après-midi le vent passa au nord-ouest, et l'air fut chargé de nuages qui couraient avec rapidité.

Le 18, à midi, nous observâmes la hauteur du soleil. Nous vîmes ce jour-là une grande quantité de goêmon, et beaucoup d'oiseaux et de marsouins. A quatre heures cinquante minutes cinquante-cinq secondes, nous déterminâmes la position du lieu où nous trouvions.

Le 19, le vent souffla avec assez de force du nord-quart-ouest. Nous gouvernâmes au nord-quart-est le temps était nébuleux et l'horizon chargé de brouillards. — A midi nous prîmes hauteur. L'après-midi, le vent souffla par rafales, et il tomba de pluie.

Le capitaine Billings avait pour coutume de faire diminuer de voiles toutes les nuits , et quelquefois de mettre en panne. Le 20 , à midi, nous prîmes hauteur. Ce jour-là , ainsi que le 21 le vent souffla avec peu de force, et alternativement du nord et de l'est ; le temps fut sombre et humide ; le thermomètre marquait trois degrés au-dessus de la glace , et nous eûmes une petite houle du nord-est.

Le 22, le vent d'est-nord-est fut très fort.Nous gouvernâmes toute la journée au nord . Pendant le jour , le temps fut humide et brumeux : la nuit le vent souffla par revolins , et à différentes reprises il tomba de la neige.

Le 23 le vent passa au nord-ouest , et fraîchit. La lame était très forte : nous gouvernâmes au nord-est. A midi nous rencontrâmes beaucoup de goêmon flottant, et nous vîmes plusieurs oiseaux de terre voler vers le nord. Nous observâmes la hauteur du soleil.

A huit heures du soir, nous vîmes la terre au nord et au nord-est; ce qui, joint aux approches de la nuit, fut cause que nous prîmes tous les ris à nos petites voiles. Le vent tourna à l'ouest-quart-de-sud. Jusqu'à la pointe du jour, nous tînmes le cap au sud-quart-d'est.

Le 1 juin, à quatre heures trente minutes du matin, nous découvrîmes au nord-est l'île d'Ounalaschka. — A huit heures cinq minutes 45 secondes, nous observâmes notre position géographique. Le vent soufflait du nord-ouest mais il était très faible, et bientôt il se calma tout-à-fait. — A quatre heures après midi, la brise du nord-ouest se leva de nouveau et souffla bon frais, — A six heures vingt-six minutes vingt-cinq secondes, nous déterminâmes notre position.

Le 2 nous eûmes alternativement un peu de vent et de calme. Nous étions bien à la vue d'Ounalaschka. Cette île paraît très haute dans toute son étendue : ses côtes sont garnies de promontoires très avancés ; et dans l'intérieur s'élève une chaîne de montagnes.

Dans la matinée du 3 juin, beaucoup d'insulaires d'Ounalaschka vinrent dans leurs canots, autour du vaisseau. Nous masquâmes le grand hunier, et nous les prîmes à bord. — A midi nous observâmes la hauteur du soleil. — A quatre heures après midi, un chasseur russe, de la compagnie Tchirepanoff, vint à bord dans un baïdar conduit par deux pagayeurs aléoutes. Il venait de parcourir la côte pour ramasser du bois de chauffage, et il était accompagné par un grand nombre d'Aléoutes, dont quelques-uns nous apportèrent une grande quantité de plies. Ils nous conduirent dans une baie que les Russes nomment *Bobrovoï Gouba*. Nous y mouillâmes à huit heures du soir, vis-à-vis des huttes des insulaires. Après avoir envoyé un canot en avant avec un officier pour sonder la baie, nous nous approchâmes jusqu'à quarante brasses du rivage.

Le capitaine Billings descendit à terre, et y fit transporter sa tente et ses instruments astronomiques, et l'équipage put enfin prendre quelque repos.

NAUFRAGE DE LA FRÉGATE LA MÉDUSE,

Sur le banc d'Arguin vers la côte occidentale d'Afrique, à 20 lieues
du cap Blanc, en 1816.

Le 17 juin, la frégate *la Méduse*, faisant partie
de l'expédition destinée pour le Sénégal, et
portant le gouverneur de cet établissement,
partit de la rade de l'île d'Aix. Le 1ᵉʳ juillet on
reconnut le cap Bojador et l'on vit les côtes du
Sahara. Vers dix heures du matin on passa le
tropique, et l'on fit la cérémonie du baptême.
Pendant ce jeu, la frégate doubla le cap Barbas,
en parcourant à sa perte. Le capitaine Leroy de
Chaumareys présidait à cette farce avec bonhomie
tandis qu'un officier ignorant, qui avait capté
sa confiance, se promenait sur l'avant, et jetait
un coup d'œil indifférent sur une côte hérissée
de dangers. Tout le monde ne partageait pourtant
pas cette confiance aveugle. Deux passagers qui
connaissaient bien cette côte, disaient haute-
ment que l'on allait y être jeté, ou tout au moins
toucher sur le banc d'Arguin : on se moqua de
leurs prédictions.

Le 2 juillet quelques personnes trompèrent
le capitaine de la manière la plus singulière : on
l'éveille à cinq heures du matin, on le fait monter sur le pont, et on lui persuade qu'un gros

nuage, qui se trouvait dans la direction et non loin de la position du cap Blanc, était le cap même. Après cette prétendue reconnaissance, dont pourtant la réalité fut contestée, on aurait du gouverner plus à l'ouest, pendant quarante lieues environ, pour gagner le large et doubler avec certitude et sûreté le banc d'Arguin, dont la configuration est très imparfaite sur les cartes : on se serait d'ailleurs, en suivant cette route, conformé aux instructions que le ministère de la marine donne à tous les bâtiments qui partent pour le Sénégal. Ceux qui faisaient partie de l'expédition, et qui ont gouverné suivant ses instructions, sont tous arrivés heu-sement. Pendant la nuit la corvette *l'Echo*, qui était tout prêt et à tribord de la frégate, fit beaucoup de signaux : l'on n'y répondit pas : on la perdit de vue.

Le 3, à midi, l'on prit hauteur; M. Naudet, enseigne de quart, assura que l'on était sur le bord du banc d'Arguin : le conseiller du capitaine lui répondit qu'il n'y avait pas sujet de s'alarmer. Cependant M. Naudet, convaincu de la justesse de son opinion, prit sur lui de faire sonder. La couleur de l'eau était entièrement changée, ce qui fut remarqué par les yeux même les moins exercés à ces observations : on crut même voir rouler du sable au milieu de petites vagues qui s'élevaient. On apercevait des herbes nombreu-ses le long du bord, et l'on prenait beaucoup de poissons : tous ces faits annonçaient que l'on était sur un haut-fond. Effectivement la sonde donna dix-huit brasses. Le capitaine, averti par l'officier de quart, hésita d'abord, puis donna ordre de venir plus au vent, et d'amener une portion des voiles. La sonde, jetée de nouveau, ne donna que six brasses. Le capitaine ordonna de serrer le vent le plus près possible: mais malheureusement il était trop tard.

Une secousse avertit que la frégate a touché. Les officiers donnent leurs ordres d'une voix altérée ; la consternation se peint sur tous les visages; on croit à tout moment que le bâtiment va s'entr'ouvrir ; on travaille à le soulager. La mer était très grosse, et le courant très fort ; on avait employé beaucoup de temps sans rien faire d'utile, parce que la confusion, qui es la suite ordinaire des accidents de ce genre, régnait à bord. Pour surcroît de maux, l'obéissance n'était plus la même par le défaut de confiance dans les chefs.

La perte de la frégate devenue certaine, il fallait assurer une retraite à l'équipage. Un conseil fut convoqué ; le gouverneur du Sénégal dessina le le plan d'un radeau susceptible, disait-on, de porter deux cents hommes avec des vivres. On fut obligé d'avoir recours à un moyen de cette nature, parce que les six embarcations ne pouvaient contenir les quatre cents hommes qui était sur la frégate. Les vivres devaient être déposés sur le radeau, et aux heures des repas les équipages seraient venus y prendre leurs rations. On devait gagner les côtes du désert ; et là munis d'armes et de munitions de guerre,

former une caravane, et gagner l'île Saint-Louis
Les événements qui eurent lieu ensuite prouvè-
rent que ce plan était parfaitement conçu, &
qu'il eût été couronné de succès ; malheureusement il ne fut pas exécuté.

Le 5, on s'occupa des préparatifs pour quitter
la frégate, et l'on renouvela les efforts pour la
dégager ; mais l'on employa que des demi-
mesures, et l'on ne réussit pas. L'on voulait
embarquer sur le radeau et dans les canots des
provisions de vin et des pièces à eau ; mais tout
se fit avec tant de confusion que ces objets es-
sentiels furent mal répartis, et qu'une grande
quantité fut laissée sur le pont de la frégate ou
jetée à la mer pendant le tumulte de l'évacuation.
L'on avait fait, le 4, une liste d'embarquement
et assigné à chacun le poste qu'il devait occuper;
on n'eut néanmoins aucun égard à cette sage
disposition ; chacun chercha les moyens qu'il
crut les plus favorables pour gagner la terre.

Le grand canot reçut trente-cinq personnes ;
le canot major, quarante-deux ; celui du commandant, vingt-huit; un autre canot, vingt-cinq;
la chaloupe, quatre-vingt-huit ; enfin la yole,
la plus petite des embarcations, quinze : dix-sept
hommes restèrent à bord de la frégate ; plusieurs refusèrent de descendre dans la chaloupe,
dernière embarcation qui déborda ; les autres
étaient trop ivres pour penser à leur salut.

Il devait y avoir soixante matelots sur le radeau : à peine en mit-on dix. Cent quarante-huit
personnes furent confiées à cette frêle machine.

La précipitation avec laquelle on l'avait cons-
truite empêcha d'y adapter des garde-fous ,
parce que probablement ceux qui la firent construire ne devaient pas s'y exposer. Elle avait à
peu près cent dix pieds de long , solidement
établie , elle eût pu supporter deux cents hommes. Mais elle était sans voile et sans mâture :
on y avait placé beaucoup de quarts de farine ,
cinq barriques de vin et deux pièces à eau ; on
avait omis d'y mettre un seul morceau de biscuit.

A peine cinquante hommes furent sur le ra
deau qu'il s'enfonça au moins de deux pieds :
pour faciliter l'embarquement des autres personnes, on fut obligé de jeter à la mer tous les
quarts de farine , l'on continua à y embarquer
du monde. Enfin , dit M. Corréard, un des témoins de cette catastrophe, nous nous trouvâmes cent quarante-huit ; il était impossible, tant
nous étions serrés, de faire un pas sur le radeau
il s'était enfoncé au moins de trois pieds sur
l'avant , et sur l'arrière on avait de l'eau j'usquà
la ceinture. Au moment où nous débarquions
de la frégate , on nous jeta du bord à peu près
vingt-cinq livres de biscuit dans un sac qui
tomba à la mer. On l'en retira avec peine ; il
ne formait plus qu'une pâte : nous le conservâmes cependant dans cet état.

Les embarcations de la frégate devaient toutes
nous remorquer, et les officiers qui les comman-
daient avaient juré de ne pas nous abandonner :
un enchaînement de circonstances les força de
renoncer au plan généreux qu'ils avaient formé
de nous sauver ou de mourir avec nous.

Le canot où était M. le gouverneur vint jeter la première remorque. Les cris de *vive le Roi!* furent mille fois répétés par les hommes du radeau, et un petit pavillon blanc fut arboré à l'extrémité d'un canon de fusil.

Si tous les efforts réunis des embarcations eussent continuellement agi sur nous, favorisés comme nous l'étions par les vents du large, nous eussions pu gagner la terre en moins de trois jours; mais le lieutenant de la frégate, voyant que ses efforts devenaient inutiles, après nous avoir remorqués seul un instant, fit larguer l'amarrage qui le tenait au radeau. Plusieurs personnes ont dit qu'après cette opération, le cri barbare de : *Nous les abandonnons*, fut entendu.

Nous ne demeurâmes convaincus que nous étions entièrement abandonnés que lorsque les embarcations furent presque hors de notre vue. La consternation fut extrême : tout ce qu'ont de terrible la soif et la faim se retraça à nos imaginations, et nous avions de plus à combattre un élément perfide qui déjà recouvrait la moitié de nos corps. Tous les marins et les soldats se livraient au désespoir : ce fut avec beaucoup de peine que nous parvînmes à le calmer.

Nous nous étions embarqués sans avoir pris aucune nourriture; la faim commençait à se faire sentir impérieusement : un peu de biscuit mouillé avec un peu de vin forma notre premier repas, et le meilleur que nous fîmes pendant notre séjour sur ce radeau. Un ordre par

numéros fut établi pour la distribution de nos
misérables vivres : dès le premier jour le biscuit fut épuisé ; la journée se passa tranquille-
ment.

Le soir. nos cœurs et nos vœux, par un sentiment naturel aux infortunés, se portèrent vers
Dieu ; nous l'invoquâmes avec ferveur, et nous
recueillîmes de nos prières l'avantage d'espérer
notre salut.

Nous conservions toujours l'espoir que les
chaloupes ne tarderaient pas à venir à notre secours : la nuit arriva sans que notre espérance
fût remplie. Le vent fraîchit ; la mer grossit
considérablement : quelle nuit affreuse !

Pendant cette nuit, un grand nombre de nos
passagers, qui n'avaient pas le pied marin,
tombaient les uns sur les autres. Enfin. après
dix heures de souffrances les plus cruelles, le
jour arriva. Quel spectacle s'offrit à nos regards !
Dix ou douze malheureux, ayant les extrémités
inférieures engagées dans les séparations que
laissent entre elles les pièces du radeau,
n'avaient pu se déranger, et y avaient perdu la
vie ; plusieurs autres avaient été enlevés du
radeau par la violence de la mer, en sorte qu'au
matin nous étions déjà vingt de moins.

Nous déplorâmes la perte de nos malheureux
compagnons. L'espoir de revoir, dans le courant
de la journée, les embarcations, soutint notre
courage ; mais comme il fut trompé ! Le décou-
ragement s'ensuivit, et dès lors l'esprit de sédi-
tion se manifesta par des cris de fureur.

La nuit survint ; le ciel se couvrit de nuages épais ; la mer fut encore plus terrible que la nuit précédente , et les hommes, dans l'impuissance de se tenir sur l'avant ou sur l'arrière, se réunissaient au centre , partie la plus solide du radeau : ceux qui ne purent gagner le milieu périrent presque tous. Le rapprochements des hommes y était tel, que quelques-uns furent étouffés par le poids de leurs camarades qui tombaient sur eux à chaque instant.

Les soldats et les matelots, se regardant comme perdus, se mirent à boire jusqu'à perdre la raison. Dans cet état, ils portèrent le délire jusqu'à manifester l'intention coupable de se défaire de leurs chefs, et de détruire le radeau en coupant les amarrages qui en unissaient les différentes parties. Un d'eux s'avança , armé d'une hache, pour exécuter ce dessein ; il commençait déjà à frapper sur les liens : ce fut le signal de la révolte. Les officiers avancèrent pour retenir ces insensés; celui qui était armé de la hache, dont il osa les menacer , fut tué d'un coup de sabre. Beaucoup de sous-officiers et quelques passagers se réunirent à nous pour la conservation du radeau. Les révoltés tirèrent leurs sabres, et ceux qui n'en avaient point s'armèrent de couteaux. Nous nous mîmes en défense, et le combat allait commencer. Un des rebelles leva le fer sur un officier: il tomba à l'instant percé de coups. Cette fermeté parut en imposer un instant aux séditieux; mais ils se serrèrent les uns contre les autres, et se retirèrent sur l'arrière pour exécuter leur plan. Un d'eux, feignant de se reposer, coupait déjà avec un couteau les amarrages. Avertis par un domestique, nous nous élançons sur lui : un soldat veut le défendre, menace un officier de son couteau, et en voulant le frapper, n'atteint que son habit. L'officier se retourne, terrasse son adversaire, et le précipite à la mer, ainsi que son camarade.

Bientôt le combat devient général, le mât se brise, et peut s'en faut qu'il ne casse la cuisse au capitaine Dupont, notre commandant, qui reste sans connaissance. Il est saisi par les soldats qui le jettent à la mer : nous nous en apercevons et nous le sauvons. Nous le déposons sur une barrique d'où il est arraché par les séditieux qui veulent lui crever les yeux avec un canif. Excités par tant de cruautés, nous ne gardons plus de ménagements, et nous les chargeons avec furie. Nous traversons, le sabre à la main, les lignes que forment les militaires, et plusieurs payent de leur vie un instant d'égarement. Les passagers nous secondent. Après un second choc, la furie des rebelles s'apaise tout-à-coup, et fit place à la plus insigne lâcheté : plusieurs se jetèrent à genoux, et nous demandèrent un pardon qui leur fut à l'instant accordé.

Nous crûmes l'ordre rétabli, et nous revînmes à notre poste au centre du radeau. Il était à peu près minuit : nous conservâmes nos armes. Après une heure d'une apparente tranquillité, les soldats se soulevèrent de nouveau : leur esprit était entièrement aliéné; mais comme ils jouissaient encore de leurs forces physiques, et que d'ailleurs ils étaient armés, il fallut de nouveau se mettre en défense. Ils nous attaquèrent; nous les chargeâmes à notre tour, et bientôt le radeau fut jonché de leurs cadavres. Ceux de nos adversaires qui n'avaient point d'armes cherchaient à nous déchirer avec leurs dents : plusieurs de nous furent cruellement mordus; je le fus moi-même aux jambes et à l'épaule. Nous n'étions pas plus de douze ou quinze pour résister à tous ces furieux; mais notre union fit notre force.

Le jour vint enfin éclairer cette scène d'horreur : un grand nombre des ces insensés s'étaient précipités à la mer. Au matin, nous trouvâmes que soixante ou soixante-cinq hommes avaient péri pendant la nuit; un quart s'était noyé de désespoir : nous n'avions perdu que deux des nôtres, et pas un seul officier.

Un nouveau malheur nous fut révélé à la naissance du jour. Les rebelles, pendant le tumulte, avaient jeté à la mer deux barriques de vin, et les deux seules pièces à eau qu'il y eût sur le radeau. Il ne restait en tout qu'une seule pièce de vin. Nous étions encore soixante-sept hommes à bord; il fallut se mettre à la demi-ration. Ce fut un nouveau sujet de murmures au moment de la distribution. Les choses en vinrent au point que nous fûmes contraints de recourir à un moyen extrême pour soutenir notre malheureuse existence. Je frémis d'hor-

reur en me voyant obligé de retracer celui que
nous mîmes en usage ; je sens ma plume s'é-
chapper de ma main ; un froid mortel glace tous
mes membres. Grand Dieu! oserons-nous encore
élever vers vous nos mains teintes du sang de
nos semblables! Votre clémence est infinie, et
votre cœur paternel a déjà accordé à notre
repentir le pardon d'un crime qui ne fut pas
celui de notre volonté : la nécessité la plus impérieuse nous y poussa.

Ceux que la mort avait épargnés dans la nuit
désastreuse que je viens de décrire, se précipitè-
rent avidement sur les cadavres dont le radeau
était couvert, les coupèrent par tranches, et
quelques-uns les dévorèrent à l'instant. Cependant un grand nombre de nous refusèrent d'y
toucher; mais à la fin, cédant à un besoin plus
pressant que la voix de l'humanité, nous ne
vîmes dans cet affreux repas qu'un moyen déplorable de conservation, et je proposai, je l'avoue,
de faire sécher ces membres sanglants pour les
rendre un peu plus supportables au goût : quelques-uns eurent assez de courage pour s'en
abstenir, et il leur fut accordé une plus grande
quantité de vin. Le jour suivant se passa encore
sans qu'on vînt à notre secours ; la nuit arriva,
et nous prîmes quelques instants d'un repos
interrompu par les rêves les plus cruels. Enfin,
le quatrième soleil depuis notre départ revint
éclairer notre désastre, et nous montrer dix ou
douze de nos compagnons étendus sans vie sur
le radeau. Nous donnâmes à leurs corps la mer

pour sépulture, n'en réservant qu'un seul destiné à nous nourrir.

Le soir, vers les quatre heures, un évènement heureux nous avait apporté quelque consolation. Un banc de poissons volants se jeta sur le radeau ; et comme ses deux extrémités laissaient entre les pièces une infinité de vides, ces poissons s'y engagèrent en très grande quantité. Nous nous précipitâmes sur cette proie, et nous prîmes plus de trois cents poissons. Notre premier mouvement fut d'adresser à Dieu de nouvelles actions de grâces pour ce bienfait inespéré. Une once de poudre à canon que nous avions fait sécher, quelques morceaux d'amadou, un briquet et des pierres à fusil, des morceaux de linge sec et les débris d'un tonneau nous procurèrent du feu. Nous établîmes notre foyer sur les planches du radeau, recouvertes d'effets mouillés. On fit cuire les poissons, on en mangea avec avidité ; mais nous y joignîmes de ces viandes sacriléges que la cuisson avait rendues supportables, et auxquelles les officiers et moi, nous touchâmes pour la première fois. La nuit fut belle, et nous aurait paru heureuse, si elle n'eût pas été signalée par un nouveau massacre. Des Espagnols, des Italiens et des nègres, restés neutres dans la première révolte, et qui même s'étaient rangés de notre côté, formèrent le complot de nous jeter à la mer. Il fallut prendre les armes : l'embarras était de connaître les coupable ; ils nous furent désignés par les matelots fidèles. Le premier signal du

combat fut donné par un Espagnol qui, placé
derrière le mât, l'embrassait étroitement, faisait
une croix dessus, et invoquait le nom de Dieu,
en brandissant un long coutelas. Les matelots le
saisirent, et le jetèrent à la mer. Les séditieux
accourent pour venger leur camarade ; ils sont
repoussés, et tout rentre dans l'ordre.

Le jour nous éclaira pour la sixième fois. A
l'heure du repas, je comptai notre monde : nous
n'étions plus que trente. Nous avions perdu cinq
de nos fidèles marins : ceux qui survivaient
étaient dans l'état le plus déplorable. L'eau de
la mer avait enlevé l'épiderme de nos extrémités inférieures, nous étions couverts de contu-
sions ou de blessures qui, irritées par l'eau de
la mer, nous arrachaient à chaque instant des
cris effroyables ; de sorte que vingt tout au plus
d'entre nous étaient capables de se tenir debout
et de marcher.

Nous n'avions plus de vin que pour quatre
jours, et il nous restait à peine une douzaine de
poissons. « Dans quatre jours, disions-nous,
nous manquerons de tout, et la mort sera inévitable. » Il y avait sept jours que nous étions
abandonnés : nous calculions que, dans le cas
où les chaloupes n'auraient pas échoué à la côte,
il leur fallait au moins trois ou quatre jours pour
se rendre à Saint-Louis ; il fallait ensuite le temps
d'expédier des navires, et il fallait à ces navires
celui de nous trouver. Il fut résolu que l'on
tiendrait le plus longtemps possible. Dans le
courant de la journée, des militaires s'étaient

glissés derrière la seule barrique de vin qui nous restât; ils l'avaient percée, et buvaínte avec un chalumeau. Nous avions tous juré que celui qui emploierait de semblables moyens serait puni de mort : cette loi fut mise à l'instant à exécution, et les deux infracteurs furent jetés à la mer.

Ainsi, nous n'étions plus que vingt-huit; sur ce nombre, quinze seulement paraissaient pouvoir exister encore quelques jours; tous les autres, couverts de larges blessures, avaient entièrement perdu la raison ; cependant ils avaient part aux distributions, et pouvaient, avant leur mort consommer quarante bouteilles de vin : ces quarante bouteilles de vin étaient pour nous d'un prix inestimable. On tint conseil : mettre les malades à la demi-ration, c'était avancer leur mort de quelques instants ; les laisser sans vivres, c'était la leur donner de suite. Après une longue délibération, on décida qu'on les jetterait à la mer. Ce moyen, quelque répugnant qu'il nous parût à nous-mêmes, procurait aux vivants six jours de vivres. La délibération prise, qui osera l'exécuter ? l'habitude de voir la mort prête à fondre sur nous, le désespoir, la certitude de notre perte, infaillible sans ce fatal expédient, tout, en un mot, avait endurci nos cœurs devenus insensibles à tout autre sentiment qu'à celui de notre conservation.

Trois matelots et un soldat se chargèrent de cette cruelle exécution. Nous détournâmes les yeux, et nous versâmes des larmes de sang sur le sort de ces infortunés. Ce sacrifice sauva les quinze qui restaient.

Après cette catastrophe, nous jetâmes toutes les armes à la mer; elles nous inspiraient une horreur dont nous n'étions pas maîtres. Nous avions à peine de quoi passer cinq journées sur le radeau; elles furent les plus cruelles. Les caractères étaient aigris; jusque dans les bras du sommeil, nous nous représentions les membres déchirés de nos malheureux compagnons, et nous invoquions la mort à grands cris. Une soif ardente, redoublée par les rayons d'un soleil brûlant, nous dévorait; elle fut telle que nos lèvres désséchées s'abreuvaient avec avidité de l'urine qu'on faisait refroidir dans de petits vases de fer blanc. Nous cherchâmes aussi à nous désaltérer en buvant de l'eau de la mer : ce moyen ne diminuait la soif que pour la rendre plus vive le moment d'après.

Trois jours se passèrent ainsi dans des angoisses inexprimables; nous méprisions tellement la vie, que plusieurs d'entre nous ne craignirent pas de se baigner à la vue des requins qui entouraient notre radeau. Nous étions convaincus qu'il ne restait dans notre barrique que douze ou quinze bouteilles de vin; nous commençions à éprouver un dégoût invincible pour les chairs qui nous avaient nourris jusque-là.

Le 17 juillet au matin, le capitaine Dupont, jetant les regards sur l'horizon, aperçut un navire, et nous l'annonça par un cri de joie :

nous reconnûmes que c'était un brick, mais il était à une très grande distance : nous ne pouvions distinguer que les extrémités de ses mâts. La vue de ce bâtiment répandit parmi nous une joie difficile à dépeindre. Cependant des craintes vinrent se mêler à nos espérances ; nous commençions à nous apercevoir que notre radeau, ayant fort peu d'élévation au-dessus de l'eau, il était impossible de le distinguer d'aussi loin. Nous fîmes alors notre possible pour être remarqués. Nous redressâmes des cercles de barriques, aux extrémités desquels nous fixâmes des mouchoirs de différentes couleurs. Malheusement, malgré tous ces signaux, le brick disparut. Du délire de la joie, nous passâmes à celui de l'abattement et de la douleur. En mon particulier, j'enviais le sort de ceux que j'avais vu périr à mes côtés. Je proposai alors de tracer un abrégé de nos aventures, d'écrire tous nos noms au bas de notre récit, et de le lier à la partie supérieure du mât, dans l'espérance qu'il parviendrait au gouvernement et à nos familles. Deux heures après, le maître canonnier de la frégate poussa un grand cri : la joie était peinte sur son visage ; ses bras étaient étendus vers la mer ; il respirait à peine ; et tout ce qu'il put dire, ce fut : « *Nous sommes sauvés, voici le brick qui est sur nous !* » Et il était tout au plus à un tiers de lieue, ayant toutes voiles dehors, et gouvernant à venir nous passer, extrêmement près. Des larmes d'attendrissement coulaient de tous les yeux ; chacun se saisit de mouchoirs ou de différentes pièces de linge pour faire des signaux au brick, qui s'approchait rapidement. Notre joie fut au comble lorsque nous aperçûmes au haut de son mât de misaine un grand pavillon blanc; nous nous écriâmes : « C'est à des Français que nous allons devoir notre salut ! »

Le bâtiment n'était déjà plus qu'à deux portées de fusil; l'équipage, rangé sur le bastingage, nous annonçait, en agitant les mains et les chapeaux, le plaisir qu'il ressentait de venir au secours de ses compatriotes. En peu de temps nous fûmes tous à bord de *l'Argus*. Qu'on se figure quinze infortnés presque nus, le corps et le visage flétris de coups de soleil. Dix de ces quinze pouvaient à peine se mouvoir : l'épiderme de tous leurs membres était enlevée ; nos yeux caves et presque farouches, nos longues barbes, nous donnaient encore un air plus hideux.

Nous trouvâmes à bord de *l'Argus* de fort bon bouillon qu'on avait préparé dès qu'on nous avait aperçus; on y mêla d'excellent vin ; on releva ainsi nos forces prêtes à s'éteindre. On nous prodigua les soins les plus attentifs et les plus généreux; nos blessures furent pansées, et, le lendemain, plusieurs des plus malades commencèrent à se soulever et à faire quelques pas.

L'Argus nous cherchait depuis plusieurs jours, et avait en quelque sorte renoncé à l'espoir de nous rencontrer. Des quinze personnes sauvées par ce navire, six moururent peu de jours après

leur arrivée à Saint-Louis, où notre réception
fut des plus touchantes. Il n'y eut pas un seul
Français ni un Anglais (car les troupes de cette
nation occupaient encore le Sénégal) qui ne
versât des larmes d'attendrissement en nous
voyant.

Examinons maintenant quelles furent les manœuvres des embarcations lorsque les remorques
eurent été larguées, et que le radeau fut abandonné à lui-même.

Le canot major et celui du commandant arrivèrent au Sénégal sans accident, le 9 au soir,
après avoir eu beaucoup à souffrir pour résister
à une grosse mer et un vent impétueux. On se
rendit à bord de *l'Echo* qui depuis plusieurs
jours était mouillé sur la rade du Sénégal. Un
conseil fut tenu : on y fit choix des moyens les
plus prompts et les plus sûrs pour donner des
secours aux naufragés abandonnés dans les embarcations et sur le radeau. *L'Argus* fut désigné
pour cette mission ; son capitaine exécuta avec
une rare activité les ordres qu'il avait reçus.

La chaloupe, qui avait la dernière quitté *la
Méduse*, eut connaissance de la terre et des îles
d'Arguin le soir avant le coucher du soleil ; elle
vira aussitôt de bord, parce qu'elle était sur des
hauts-fonds, et qu'elle avait déjà touché. La
mer fut houleuse pendant la nuit ; le 6, vers quatre heures, la mer se calma un peu : presque
tout le monde demanda à aller à terre ; on s'en
approcha ; soixante hommes se jetèrent à l'eau

et gagnèrent le rivage, qui n'était qu'un sable aride et brûlant.

Une heure après le débarquement, on aperçu à l'arrière quatre embarcations; l'officier, malgré les cris de son équipage, baissa les voiles et mit en travers pour les attendre. Quand elles furent à portée de la voix, il leur offrit de prendre du monde; elles se tinrent à distance : elles se défiaient de l'équipage de la chaloupe, et pensaient que l'on s'était caché sous les bancs pour s'élancer ensuite sur eux; elles s'éloignèrent. Une heure après, la mer devint très grosse; la yole ne put tenir, elle arriva vers la chaloupe: elle coulait bas. On sauva tout le monde; on fit route au sud. Le 8, un des canots la rejoignit; les matelots exigèrent qu'on les débarquât : bientôt ceux de la chaloupe en firent autant. Les deux embarcations furent portées à la côte par le courant; tous les passagers se sauvèrent à la nage; ils étaient horriblement tourmentés par la soif : bientôt une troisième embarcation vint aussi-échouer.

On se met en route le long du rivage : on creuse des trous dans le sable; ils s'emplissent d'une eau bourbeuse, mais douce. Le 8, en entrant dans les terres, on rencontre des tentes; des Mauresses vendent du lait et deux chèvres; le soir, des Maures et des nègres offrent aux naufragés de les conduire au Sénégal. Le 10, on aperçoit une voile qui s'avance vers le rivage; c'était *l'Argus* : il envoie de l'eau et des vivres. Le 11, les naufragés voient venir à eux un capitaine marchand irlandais, et trois marabouts ou prêtres du pays ; des chameaux chargés de vivres les accompagnaient. Le 12, ils arrivent sur les bords du Sénégal : par bonheur on était dans la saison où l'eau de ce fleuve est douce dans cet endroit ; on put se désaltérer à souhait. Bientôt les embarcations paraissent, et, après une courte navigation, tous ces infortunés abordent à Saint-Louis. Dans cette troupe étaient un père de famille avec sa femme, trois grandes demoiselles et quatre petits enfants, dont un à la mamelle : on avait loué à un prix exhorbitant des ânes pour les faire voyager.

Les soixante-trois hommes débarqués près d'Arguin eurent plus de fatigues à supporter : ils avaient près de quatre-vingt-dix lieues à faire dans l'immense désert de Sahara. Il leur fallut d'abord franchir des dunes très hautes pour gagner la plaine ; ils eurent le bonheur d'y découvrir un vaste étang d'eau douce, où ils se désaltérèrent, et près duquel ils se reposèrent. Ayant rencontré des Maures, il les prirent pour guides, et, après de longues marches et les privations les plus cruelles, ils arrivèrent au Sénégal le 23 juillet. Quelques-uns périrent de misère ; de ce nombre fut un malheureux jardinier et une femme, épouse d'un militaire. Quelques personnes s'étant écartées de la troupe, furent attrapées par les naturels du pays et emmenées dans les camps des Maures : il y en eut qui errèrent de peuplade en peuplade : ils furent ensuite amenés au Sénégal

Le 26 juillet, une goëlette fut expédiée pour
aller chercher les hommes restés sur *la Méduse*,
et tâcher de retrouver des vivres, divers effets
et l'argent qui y avait été chargé. Des contraires
et divers accidents firent relâcher deux fois la
goëlette au Sénégal ; enfin elle put rejoindre *la
Méduse* cinquante-deux jours après l'abandon
Quel fut l'étonnement de l'équipage de retrouver encore à bord de la frégate trois infortunés
à la veille d'expirer! Ils racontèrent que, lorsque
les embarcations se furent éloignées, ils cher-
chèrent à se procurer des moyens de subsistan-
ce jusqu'à ce qu'on vint à leur secours, et
parvinren tse procurer assez debiscuit, devin,
d'eau-de-vie et de lard pour exister un certain
temps. Tant que les vivres durèrent, le calme
régna parmi eux; mais quarante-deux jours s'é-
coulèrent sans qu'ils vissent paraître les secours
qu'on leur avait promis. Alors, douze des plus
décidés, se voyant à la veille de manquer de tout,
construisirent un radeau, s'y embarquèrent et
dirigèrent leur route sur terre. Il est très probable qu'ils ont été victimes de leur témérité ,
et sont devenus la proie des monstres marins ,
car des Maures trouvèrent sur la côte du Sahara
les restes du radeau. Un matelot, qui avait re-
fusé de s'embarquer sur cette frêle machine,
voulut , quelques jours après, gagner aussi la
terre : il se mit sur une cage à poules ; mais à
une demi-encâblure de la frégate, il fut submergé.

Les quatre hommes restés à bord de*la Mé-*

duse y irent mourir un d'eux et jetèrent son corps à la mer. Quand la goëlette arriva, ils étaient extrêmement affaiblis ; deux jours plus tard, il n'eût plus été temps de les sauver, Ces malheureux occupaient chacun un endroit séparé , et n'en sortaient que pour aller chercher des vivres qu i, dans les derniers jours, ne consistaient qu'en un peu d'eau- de-vie, du suif et du lard salé ; quand ils se rencontraient, ils couraient les uns sur les autres, et se menaçaient de coups de couteau. Tant que le vin avait duré avec les autres provisions, ils s'étaient parfaitement soutenus ; mais dès qu'ils furent réduits à l'eau-de-vie pour boisson, ils s'affaiblirent de jour en jour. On prodigua à ces hommes les soins qu'exigeait leur état, et tous les trois sont maintenant en pleine santé.

Le capitaine dont l'impéritie avait causé la perte de *la Méduse*, et qui avait été un des premiers à abandonner un bâtiment et un équipage dont le roi lui avait confié la conservation , fut, à son retour en France , traduit devant un conseil de guerre, qui le déclara déchu de son grade, et incapable de servir l'Etat.

NAUFRAGE DU VAISSEAU L'ALCESTE,

Dans le détroit de Gaspar, en 1817,

Le vaisseau *l'Alceste*, commandé par le capitaine Maxwell, avait transporté à l'embouchure
du Pei-Ho, en Chine, lord Amherst, ambassadeur du roi de la Grande-Bretagne ; il fit ensuite une campagne dans la mer, à l'orient de la
Chine, et vint à Canton reprendre l'ambassadeur. Il partit de cette ville le 20 janvier 1817,
atterrit à Manille le 3 février, et le 9, fit voile
pour l'Angleterre. Nous allons laisser parler
l'auteur de la relation dont a été extrait le récit
de ce naufrage.

« En partant de Manille, dit M. Macleod, nous
dirigeâmes notre route de manière à éviter les
écueils nombreux et encore peu connus qui se
trouvent dans cette partie de la mer de la Chine,
notamment à l'ouest des Philippines et au nord-
ouest de Bornéo. Nous trouvant, le 14, hors de
ces parages, nous prîmes la route ordinaire pour
passer par le détroit de Banca ou par celui de
Gaspar. Il fut décidé que l'on choisirait le dernier, comme plus direct et moins sujet aux calmes que le premier. Nous les regardions comme
aussi sûrs l'un que l'autre. Dans la matinée du
18, nous eûmes connaissance de l'île de Gaspar
au moment où nous nous y attendions : l'ayant

doublée, nous fîmes route pour le détroit, en prenant toutes les mesures de précaution en usage quand on approche d'une côte ou d'un détroit, surtout si l'on ne les connaît pas parfaitement. Le capitaine, ainsi que les officiers et des maîtres d'équipage, avaient passé la nuit sur le pont, et s'y trouvaient encore dans la matinée. Les sondes donnaient des résultats conformes aux indications des cartes : nous suivions exactement la ligne que celles-ci prescrivaient pour éviter les dangers. Tout-à-coup, à sept heures du matin, le vaisseau touche avec un fracas épouvantable sur un récif de roches caché sous les eaux, et y demeure retenu.

Nous ne reconnûmes que trop tôt que toute tentative pour dégager *l'Alceste* aurait les suites les plus funestes : car des deux côtés de l'écueil sur lequel nous avions touché la mer avait de dix à dix-sept brasses de profondeur, et les dommages que le vaisseau avait déjà éprouvés devaient le faire couler à fond en quelques minutes s'il avançait. On mouilla donc la meilleure ancre pour assurer le bâtiment, et l'on cessa le travail des pompes, dont on vit que le secours ne pouvait être utile.

On mit alors les embarcations à la mer. M. Hopner, lieutenant, reçut ordre de prendre dans le cutter et la chaloupe l'ambasseur avec sa suite, ainsi que ceux dont la présence n'était pas indispensable, et de les débarquer sur une île qui se trouvait à environ trois milles et demi de nous. Cependant le capitaine et les officiers

restés à bord du vaisseau travaillèrent à sauver
toutes les provisions auxquelles on put atteindre,
ce qui d'abord ne fut pas facile, l'eau ayant monté jusqu'au second pont ; elle baissa dans l'a-
près-midi, et nous fûmes à même de tirer beaucoup de choses du vaisseau. On construisit aussi
un radeau, sur lequel on plaça les objets les plus
pesants et quelques bagages, que l'on conduisit
à terre.

Au retour des embarcations qui avaient conduit l'ambassadeur, nous apprîmes que le débarquement avait été très difficile. Des mangliers
couvraient les bords de l'île jusqu'à une distance assez considérable en mer, et il avait fallu cô-
toyer le rivage pendant près de trois milles pour
trouver une petite ouverture, puis gagner le rivage en grimpant d'un rocher sur un autre. L'île
était couverte de bois : on éclaircit un espace
assez grand au pied d'une hauteur, et on bi-
vouaqua sous des arbres touffus.

A bord de *l'Alceste*, on s'occupait de sauver
tout ce qui pouvait nous être le plus utile :
mais au retour de la marée montante, les flots
soulevèrent le vaisseau, et le firent retomber sur
les rochers avec tant de violence qu'à minuit il
devient indispensable de couper les mâts.
Le 19, j'allai à terre avec deux hommes dangereusement blessés par la chute des mâts. La
plupart des personnes que je trouvai sur l'île, et
l'ambassadeur lui-même, n'avaient pour vêtement que leur chemise et leur pantalon.

Lord Amherst, apprenant que l'on n'avait pas

encore pu transporter d'eau douce du vaisseau à terre, et qu'il n'était guère probable que l'on vînt à bout d'en retirer de la cale, fit rassembler tous ceux qui se trouvaient avec lui, et ordonna de distribuer à chacun, sans distinction, un verre de celle que l'on avait apportée la veille : il y fit ajouter un verre de rhum, et prenant sa position avec gaîté, il donna l'exemple du courage, ce qui produisit un bien bon effet, quand on vit un homme de ce rang disposé à supporter toutes les privations.

Plusieurs détachements, envoyés dans l'île, creusèrent dans divers endroits, et n'y trouvèrent que de l'eau salée, peut-être parce qu'ils étaient trop près de la mer. Un squelette humain, que l'on rencontra, fit naître dans tous les esprits l'idée affreuse que peut-être c'était celui d'un homme mort de soif. Ceux qui pénétrèrent dans les bois furent obligés, en avançant, de tailler des marques sur les arbres, afin de retrouver leur chemin.

Dans l'après-midi, le capitaine vient se concerter avec lord Amherst sur le meilleur parti à prendre dans des conjonctures aussi critiques. Les embarcations ne pouvaient transporter en quelque lieu que ce fût que la moitié de l'équipage, et comme il fallait absolument que quelqu'un gagnât aussi le port le plus voisin pour y demander du secours, le capitaine pensa que l'ambassadeur devait d'abord se rendre avec sa suite à Batavia, ou tout autre port de Java, d'où il pourrait envoyer des bâtiments chercher le reste de l'équipage.

On était alors dans le mousson du nord-ouest, et tout faisait présumer que les embarcations, favorisées par le vent et le courant, arriveraient en trois jours à Java. L'ambassadeur partit vers cinq heures du soir, accompagné de sa suite, de M. Hopner, de quelques autres officiers et d'un détachement de gardes pour pouvoir se défendre, dans le cas où l'on rencontrerait des pirates malais très nombreux dans ces parages. Les passagers étaient au nombre de quarante-sept sur le cutter et la chaloupe ; ils avaient des provisions pour quatre ou cinq jours, terme que l'on jugeait suffisant pour leur traversée. Après leur départ, il resta dans l'île deux cents personnes, en y comprenant les mousses et une femme.

La première mesure que prit le capitaine fut de désigner des travailleurs pour creuser un puits dans un endroit que divers indices faisaient regarder comme celui où l'on pouvait le plus espérer de trouver de l'eau. Il transporta ensuite la position de notre bivouac du bas au sommet de la colline ; on y respirait un air plus pur et plus frais, et cet endroit offrait aussi plus de facilité pour nous défendre en cas d'attaque. Il fallut employer le feu pour éclaircir le sommet de la colline ; cette opération nous débarrassa des insectes nombreux dont tous ces pays sont infestés. Notre petite provision de vivres fut déposée, sous bonne garde, dans une sorte de magasin formé par la nature, sous des quartiers de rochers, tout haut de l'éminence. On allait deux fois par jour au vaisseau, pour tâcher de sauver encore quelque chose.

Depuis deux jours, tout le monde était horriblement tourmenté par la soif, car chacun n'avait eu guère qu'une pinte d'eau pendant ce temps. L'on s'informait fréquemment et avec anxiété de l'espérance que l'on devait fonder sur le travail des hommes qui creusaient le puits. Enfin, un peu après minuit, l'on apporta au capitaine une bouteille d'eau bourbeuse pour essai. Dès que l'on sut qu'elle était douce, chacun s'empressa tellement près du puits, que les ouvriers ne purent plus travailler. On fut donc obligé d'y placer des sentinelles. Heureusement une forte pluie donna la facilité d'étendre des draps, des nappes et d'autres linges que l'on tordait ensuite avec le plus grand soin. Plusieurs personnes qui s'étaient baignées dans la mer prétendaient en avoir éprouvé du soulagement.

Dans la matinée de 20, le capitaine fit assembler tout l'équipage et déclara que, aux termes des règlements de la marine, chacun était tenu à la même obéissance qu'à bord du vaisseau; qu'il ferait observer la discipline avec plus de rigueur même, s'il était nécessaire, parce que le salut général en dépendait; il assura qu'il aurait grand plaisir à recommander ceux qui se distingueraient par leur bonne conduite, et annonça que les provisions seraient distribuées avec économie, mais avec la plus stricte égalité, jusqu'à l'arrivée des secours que lord Amherst ne tarderait pas à envoyer.

Le puits fournit une pinte d'eau à chacun ; son goût se rapprochait de celui du lait de coco. Les voyages des canots au vaisseau nous procurèrent peu de choses utiles, toutes celles qui étaient les plus précieuses pour nous se trouvant sous l'eau.

Le 21, un détachement, qui avait passé la nuit sur le vaisseau, se trouva, au lever du soleil, entouré par des pirates malais qui paraissaient bien armés et bien équipés. Nos gens, qui n'avaient pas une arme pour se défendre, furent obligés de se jeter dans leurs canots, et de venir nous rejoindre. Plusieurs pirates leur donnèrent la chasse ; mais voyant deux autres canots partir de l'île pour porter du secours à ceux qu'ils poursuivaient, ils retournèrent au vaisseau, et s'en mirent en possession. Peu de temps après, l'on nous avertit que, du haut du rocher où l'on faisait la garde, on avait vu ces forbans débarquer sur l'île, à environ deux milles de nous. Aussitôt l'ordre fut donné de s'armer le mieux que chacun le pourrait ; il fut exécuté avec un empressement remarquable. On fit des piques en coupant de jeunes arbres, dont on arma un bout de petites lames d'épées et de couteaux, de toutes sortes d'instruments pointus, et jusqu'à de gros clous aiguisés : ceux qui ne pouvaient s'en procurer durcissaient au feu un bout de bâton taillé en pointe ; ce qui faisait une arme passable. Nous avions une douzaine de sabres : les soldats de marine avaient trente fusils et autant de baïon-nettes, mais seulement soixante-quinze cartou-ches en tout. Nous avions heureusement retiré la poudre des canons chargés qui se trouvaient sur le pont au moment du naufrage. Les char-pentiers abattirent de gros arbres, et en formè-rent une espèce de retranchement qui nous mettait un peu à couvert, et pouvait arrêter la marche d'un ennemi dépourvu d'artillerie. Le capitaine ordonna de ne pas tirer un coup de fusil sans être bien sûr qu'il portât.

Un détachement que nous avions envoyé à la découverte vint nous apprendre que les Malais n'avaient pas effectué de débarquement sur l'île, mais s'étaient établis sur des rochers voisins où ils déposaient tout ce qu'ils pouvaient piller sur *l'Alceste.*

Dans la soirée, le capitaine passa une revue générale, forma des compagnies, assigna des postes, fit enfin toutes les dispositions convena-bles. Les canots furent remorqués près du rivage, et un officier à la tête d'un peloton, fut chargé de veiller à leur conservation. Une alarme donnée pendant la nuit montra la sagesse des dispositios du capitaine : une sentinelle avait entendu quelque bruit dans des buissons. Au premier signal, chacun fut à son poste sans la moindre confusion.

Le 22, quelques canots malais approchèrent du lieu où les nôtres étaient amarrés. Un officier et quatre hommes partirent aussitôt dans un canot, et s'avancèrent vers les Malais, portant à la main une branche d'arbre chargée de feuilles, symbole de paix universellement reconnu ; ils leur firent des signes d'amitié , en témoignant le désir de leur parler. Tout fut inutile : les Malais , qui ne voulaient que reconnaître notre position , retournèrent bientôt à leurs rochers. Alors le capitaine donna ordre à M. Hay, lieutenant en second , de partir avec nos trois canots, qui furent armés le mieux que l'on put, et d'aller reprendre possession du vaisseau de gré ou de force, les pirates ne paraissant pas avoir plus de quatre-vingts hommes. Dès que les Malais qui se trouvaient sur les rochers virent nos canots en mer, ils chargèrent leur pillage sur leurs barques, et prirent le large : il y en avait alors deux à l'ouvrage sur *l'Alceste;* mais, à la vue de nos canots qui s'avançaient et de leurs compagnons qui abandonnaient les rochers, elles poussèrent également au large, après avoir mis le feu au vaisseau. Dans un instant il fut en flammes : nos canots , ne pouvant y aborder, revinrent dans l'île.

Là s'éteignit tout espoir de pouvoir s'entendre avec ces Malais. Ceux surtout qui infestent les parages voisins de Bornéo, de Billiton et les côtes les moins habitées de Sumatra, sont peut-être les hommes les plus farouches et les plus féroces. L'incendie de notre vaisseau nous donna une preuve non équivoque de leurs dispositions à notre égard : mais en dépit de leurs mauvaises intentions, ils nous rendirent service;

car nous voulions nous-mêmes brûler toute la partie supérieure de *l'Alceste*, pour que les objets qui se trouvaient au fond pussent surnager, et venir ainsi à notre portée.

Une alarme soudaine fit encore courir aux armes cette nuit. Un matelot aperçut dans les bois quelqu'un qui s'avançait vers son poste; il cria *qui vive*, ne reçut pas de réponse, et tira. On reconnut à des indices certains que le coureur de nuit appartenait à une race de grands babouins que nous avions trouvés établis dans l'île, et qui nous en disputaient la possession. Les sentinelles, placées auprès du feu que l'on allumait toutes les nuits autour du puits pour en écarter les maringouins, avaient eu plus d'une alarme causée par ces singes.

Le dimanche 23, on envoya les canots au vaisseau qui fumait encore. Ils en rapportèrent des barils de farine et une tonne de bière qui flottaient. Ce dernier présent du ciel fut annoncé comme le service divin finissait. On fit distribuer à l'instant une pinte de bière à chacun, ce qui fut suivi de trois acclamations d'allégresse. On continua pendant la journée à mettre les retranchements en bon état de défense. Nos ennemis s'étaient retirés derrière une petite île nommée Poulo-Tchalacca (Ile du malheur), située à environ deux milles de nous. Ils semblaient y attendre des renforts, car plusieurs de leurs chaloupes avaient fait route pour Billiton.

Le 24, nos canots rapportèrent du vaisseau des barils de farine qui n'étaient gâtés qu'en partie, des caisses de vin, une quarantaine de piques, et dix-huit fusils. Le canonnier fit des cartouches avec le peu de poudre que nous avions sauvée ; on avait aussi du plomb , et divers ustensiles d'étain : on en fondit des balles dans des moules de terre. Ces préparatifs ne laissaient pas que d'ajouter à notre confiance. On finit ce jour là de creuser un autre puits au pied de la colline; il fournit de l'eau plus claire et plus abondante, ce qui fut pour nous un grand soulagement.

Le 25 , on trouva encore à bord du vaisseau quelques caisses de vin et des piques. On travailla à terminer les sentiers qui conduisaient aux puits , et à abattre les arbres qui cachaient la vue de la mer. Le lendemain, à la pointe du jour, on découvrit deux bâtiments de pirates qui traînaient chacun une pirogue à la remorque, et s'avançaient vers l'anse où nos canots étaient amarrés. M. Hay, lieutenant, avait été de garde cette nuit à bord de nos canots ; il donna aussitôt la chasse aux pirates : ils s'éloignèrent à toutes voiles, abandonnant leurs pirogues. Le canot monté par M. Hay atteignit les Malais : ils prirent alors une attitude menaçante, et tirèrent sur nos gens. M. Hay répondit en faisant feu du seul fusil qu'il eût. Dès que les deux partis furent plus près, les Malais lancèrent aux nôtres des dards et des sagaies : il en tomba plusieurs dans le canot ; mais heureusement ces traits ne blessèrent personne. M. Hay fit jeter le grapin, monta à l'abordage , tua quatre hommes aux

Malais, cinq se jetèrent à la mer, et l'on fit trois prisonniers, dont un était dangereusement blessé.

Ils avaient pris leurs mesures pour que leur bâtiment ne nous restât pas ; car à l'instant même où l'on s'en rendait maître, il coula à fond. Rien n'égale la férocité farouche de ces pirates. Celui qui était blessé avait eu le corps traversé d'une balle ; porté dans notre canot au moment où son bâtiment s'enfonçait dans la mer, il saisit avec fureur un sabre, et ce ne fut pas sans peine qu'on parvint à le lui arracher des mains ; il expira quelques minutes après. Le second bâtiment nous envoya une décharge de mousqueterie, prit le large, et s'échappa en doublant l'extrémité septentrionale de l'île. Nous trouvâmes dans les deux pirogues divers objets provenant du pillage de notre vaisseau. L'air morne et sombre de nos deux prisonniers, quand on les eut amenés sur le rivage, annonçait qu'ils se regardaient comme dévoués à la mort : l'un était d'un certain âge, l'autre encore jeune ; mais quand ils virent qu'on les déliait, qu'on pansait les blessures de ce dernier, qu'on leur offrait de la nourriture, et qu'on les traitait avec bonté, ils prirent un air plus serein ; ils parurent surtout très satisfaits de ce qu'on enterrait convenablement le corps de leur compatriote mort dans la traversée.

Le jeune Malais avait eu le genou percé d'une balle qui avait fracassé les os ; l'amputation était nécessaire. Cependant on pensa qu'il serait impossible de faire concevoir au patient que cette opération ne se faisait que pour son bien ; qu'il pourrait la prendre pour un supplice, et et que si quelqu'un des nôtres tombait entre les mains de ce peuple, on lui ferait peut-être subir aussi une amputation : on se décida donc a donner des soins au blessé, et à laisser agir la nature seule pour sa guérison. On éleva une petite cabane pour lui, on lui donna une couverture, et tout ce dont il avait besoin : son compagnon fut chargé de le garder. Ils refusèrent d'abord les aliments qu'on leur présenta ; mais quand on leur apporta du riz pour le préparer à leur manière, ils parurent satisfaits. Leurs compatriotes s'étaient sans doute noyés, parce qu'ils s'attendaient à perdre la vie dans des souffrances cruelles.

Dans l'après-midi, nous vîmes quatorze grands bâtiments et plusieurs plus petits venant du côté de Banca : ils allèrent mouiller derrière Poulo-Tchalacca. Plusieurs individus débarquèrent portant sur les épaules de gros paquets dans les bois, et retournèrent en chercher d'autres. Le point d'où venaient ces bâtiments et le mouillage qu'ils avaient choisi, et qui était précisément celui que l'on avait fixé pour rendez-vous du départ de lord Amherst, nous firent espérer que c'était un secours qui nous arrivait de Batavia.

Le petit drapeau de l'ambassade fut aussitôt arboré sur le haut de la colline où nous étions campés ; les étrangers en firent au même instant

flotter un au haut de leurs mâts. Alors le capi
taine envoya vers eux un détachement le long
du rivage; les étrangers en expédièrent pareillè-
ment un avec un drapeau. Lorsqu'ils furent près
de se rejoindre, les Malais, car nous les reconû-
mes pour tels, s'arrêtèrent; le porte-drapeau
continua seul à s'avancer; on en fit autant de
notre côté : les deux députés s'approchèrent avec
précaution; après beaucoup de saluts et de cé
rémonies, ils se prirent la main, enfin les deux
partis se joignirent, et vinrent amicalement ensemble dans un lieu où le capitaine Maxwell se
trouvait avec plusieurs officiers. Nos matelots,
convaincus que ces Malais étaient des amis envoyés à notre secours, poussèrent de cris de
joie; ce sentiment brillait sur tous les visages;
elle ne fut pas de longue durée : nous reconnû-
bientôt que ces Malais appartenaient à une tri-
bu errante, qui cherchaient une herbe marine
très abondante sur les côtes de ces îles. Elle est
un objet de commerce avec la Chine; les gour-
mands de ce pays en sont très friands, de même que des nids d'oiseaux. Nous apprîmes ces
particularités par signes, et à l'aide de mots ma·
lais que quelques-uns des nôtres comprenaient.

M. Hay, d'autres officiers et un détachement
armé se rendirent à bord du bâtiment du rajah
ou chef de ces Malais, qui avait témoigné le plus
grand désir de voir notre capitaine; il lui avait
envoyé en présent du poisson et du lait de coco.
Nous nous entretînmes, pendant la nuit, des
moyens d'entrer en négociation avec ces étrangers.

Quelques personnes pensaient que l'espoir d'une récompense pourrait les déterminer à nous conduire à Java, et que les embarcations, jointes aux nôtres, suffiraient pour nous y transporter tous; d'autres, se défiant du caractère perfide des Malais, craignaient qu'ils ne fussent tentés de nous assassiner quand nous serions en leur pouvoir, afin de s'emparer du peu d'objets qui nous restaient, et qui, pour eux, étaient d'une grande valeur; celles-ci soutinrent donc que le meilleur parti à prendre étaient de désarmer les Malais, de les forcer de nous conduire à Batavia, et de les récompenser alors du temps que nous leur aurions fait perdre et des peines que nous leur aurions causées.

La matinée du 27 nous dispensa de discuter davantage sur ce sujet; ayant découvert la carcasse de notre vaisseau, tous les bâtiments malais y allèrent pour le piller. Il est probable que la veille ils ignoraient notre véritable situation, et s'étaient imaginés que nous appartenions à un établissement nouvellement fondé dans cet endroit. Tel est peut-être le motif de leurs civilités; car du moment où la vue de la carcasse de notre vaisseau leur eut fait connaître notre position, nous n'entendîmes plus parler de présents.

On jugea qu'il serait impolitique d'envoyer nos canots les attaquer; cette mesure les écarterait momentanément de la carcasse du vaisseau, et les mettrait en garde contre une surprise nocturne, si on la regardait comme nécessaire un peu plus tard , d'ailleurs le fer et le cuivre qu'ils enlevaient du vaisseau ne pouvaient nous être d'une grande utilité.

La veille, nous avions conduit nos canots dans une anse plus retirée et presque cachée sous des branches de grands arbr es ; ils y étaient plus en sûreté dans un cas d'attaque, parce qu'elle se trouvait protégée par des rochers où l'on pouvait placer pendant la nuit un piquet commandé par un officier. On traça un sentier tortueux qui communiquait de cet endroit avec le camp.

Le 28, les Malais étaient encore occupés autour du vaisseau; un de leurs bâtiments s'avança vers l'île dans l'après-midi. Un de nos canots étant allé à sa rencontre, le Malais, au lieu d'avancer, retourna à sa flotte. Aucun secours n'arrivant de Batavia, et l'époque à laquelle nous supposions qu'il en viendrait étant passée , nous réparâmes nos canots, et nous nous mîmes à construire un radeau, afin de ne négliger aucun moyen de pouvoir quitter notre séjour avant que nos provisions fussent totalement épuisées.

Le 1er mars, quatorze nouveaux bâtiments malais, venant du nord, se joignirent aux autres ; c'étaient vraisemblablement ceux que nous avions déjà vus. Tous travaillèrent avec ardeur au dépècement du vaisseau. Pendant la nuit, des renforts plus nombreux arrivèrent aux Malais. Ledimanche 2, à la pointe du jour, ils laissèrent les pirogues continuer le pillage, et firent avancer vingt de leurs plus gros bâtiments vers le lieu de notre débarquement ; ils tirèrent une de

leurs pièces d'artillerie, battirent leurs tambours, et, poussant des hurlements affreux,
mouillèrent en ligne à une encâblure de notre
baie. Nous fûmes tous à l'instant sous les armes:
on renforça les détachements qui étaient sur les
canots ; et, comme quelques bâtiments pirates
avaient tourné la baie derrière notre position,
on plaça des sentinelles pour surveiller leurs
mouvements, et on envoya des patrouilles battre le pays, de crainte de quelque embuscade
par terre.

En ce moment, le vieux prisonnier malais,
placé sous la garde de sentinelles postées près
du puits, qui l'avaient imprudemment chargé
de couper du bois pour le feu, entendant les
cris de ses compatriotes, laissa son jeune cama-
de blessé se tirer d'affaire comme il pourrait,
s'enfuit dans les bois en emportant la hache, et
parvint à s'échapper.

Tous nos préparatifs terminés, on vit que nos
ennemis ne faisaient aucune tentative de débarquement. Un officier sortit de la baie en canot,
et leur adressa des signes d'amitié. Après quelques moments de délibération, un de leurs bâtiments, portant une troupe armée de crics ou
poignards à lame ondulée, s'approcha du canot;
mais cette entrevue n'aboutit qu'à fournir un
nouveau trait de l'esprit pillard de ces Malais.
Quelques-uns s'éprirent d'une telle passion pour
la chemise et le pantalon d'un mousse, qu'il n'y
eut que son refus absolu qui les empêcha de le

dépouiller ; car ils n'employèrent pas la violence pour réussir.

Nous écrivîmes alors une lettre au chef de l'établissement anglais de Minto, situé à l'extrémité nord-ouest de Banca : nous lui exposions notre situation, et le conjurions de nous envoyer, s'il le pouvait, deux petits bâtiments, avec du pain, des salaisons et des munitions. L'officier, qui était déjà sorti du canot, s'avança de nouveau vers les Malais ; le même bâtiment vint à sa rencontre. Il remit la lettre à ceux qui le montaient, et répéta plusieurs fois le mot de Minto, qu'ils semblèrent bien comprendre : il leur indiquait en même temps le côté où se trouvait cet établissement ; il leur fit entendre que, s'ils nous apportaient une réponse, on les récompenserait en leur donnant beaucoup de piastres ; il leur en montra une pour échantillon. C'était plutôt pour mettre ces gens à l'épreuve que dans l'espoir qu'ils nous rendraient service, que l'on avait recours à cette tentative. Un de leurs bâtiments prit presque au même moment la route de Poulo-Tchalacca, où il paraît que résidait leur chef principal, et aucun ne suivit celle de Banca.

Cependant leurs forces augmentaient rapidement ; et ils avaient alors au moins cinquante bâtiments de différentes dimensions ; les plus grands portaient seize à vingt hommes ; les plus petits, sept à huit : de sorte qu'ils se trouvaient à peu près au nombre de cinq cents. Le pillage du vaisseau paraissait terminé, et n'être plus pour eux qu'un objet d'intérêt secondaire ; ils supposaient que le butin le plus précieux se trouvait en notre possession. Ils établirent donc un blocus rigoureux autour de nous, et serrèrent étroitement notre baie, surtout à marée haute, de crainte que nos canots n'en profitassent pour s'échapper.

Dans l'après-midi, des hommes de la troupe du rajah, que nous avions d'abord considérés comme nos amis, s'avancèrent ayant l'air de vouloir parlementer. On s'approcha d'eux. Ils nous firent entendre, tant par signes que par quelques mots que nous pûmes saisir, qu'eux seuls exceptés, tous les Malais avaient de mauvaises intentions contre nous, et formaient le projet de nous attaquer la nuit suivante ; ils nous proposèrent en conséquence de nous envoyer une partie de leur troupe sur notre colline pour nous défendre. Leur conduite antérieure, et leur liaison avec les autres Malais, démontrait si évidemment la perfidie de cette offre, que nous la refusâmes, en leur faisant entendre que nous saurions nous défendre nous mêmes. Ils retournèrent vers leur flotte, qui prit à l'instant une attitude menaçante.

Le soir, à huit heures, quand tout le monde fut sous les armes, comme à l'ordinaire, pour passer la revue et pour placer les différents postes, le capitaine Maxwell nous adressa un discours énergique pour nous engager à être sur nos gardes, dans le cas où nos ennemis viendraient nous attaquer pendant la nuit. Il fit un

appel à notre bravoure, et nous flatta de l'espoir
de les vaincre malgré la supériorité de leur
nombre. Nous répondîmes à cette exhortation
par trois acclamations bruyantes, qui, en parve-
nant aux oreilles des Malais, produisirent vraisemblablement une certaine impression sur leur
esprit; car on remarqua en ce moment qu'ils
faisaient avec des feux des signaux à quelques-
uns de leurs bâtiments restés derrière l'île.
Après un repas frugal, chacun de nous se coucha, suivant l'usage, à côté de ses armes, et le
capitaine resta auprès de ceux qui étaient de
garde pour veiller à l'exécution des dispositions
qu'il avait commandées. Une alarme fut donnée
pendant la nuit. Chacun fut à son poste avec la
rapidité de l'éclair, et si l'on eut de l'humeur
ce fut de voir que l'alarme était fausse.

Le 3, au lever du soleil, nous vîmes les Malais
précisément dans la même position que la veille,
mais renforcés de dix bâtiments. Leur complot
mûrissait, notre situation devenait plus critique
a chaque instant; car les forces des ennemis
s'accroissaient rapidement, et la diminution
journalière de nos faibles provisions nous obli-
geait d'adopter sans délai une mesure désespé-
rée. Tous les esprits étaient exaltés; on paraissait déterminé à attaquer ces pirates, et à les
vaincre ou à périr, en tâchant de s'en défaire
pour assurer notre liberté.

Vers midi, tandis que l'on formait toutes sortes de projets pour exécuter une mesure déci-
sive, un officier étant monté sur un arbre très

élevé qui nous servait d'observatoire, aperçut
a une distance considérable dans le sud un bâtiment qu'il jugea trop gros pour être malais.
Aussitôt tous les yeux se fixèrent sur l'arbre d'où
nous attentions la confirmation de nos espérances. Quelqu'un y grimpa avec un télescope, mais
un nuage épais cacha le navire pendant vingt
minutes. Quand il reparut, l'observateur nous
annonça qu'il était bien décidément européen ,
et s'avançait vers l'île de toutes ses voiles. Il est
plus aisé de concevoir que de décrire la joie
qui éclata à cette annonce : on arbora un pavillon au haut de l'arbre, afin d'attirer l'attention du
navire dans le cas où ce serait un bâtimen étranger qui naviguerait dans ces parages.

Les pirates ne tardèrent pas à faire la même
découverte par les signaux de leurs bâtiments
placés derrière Poulo-Tchalacca. La marée nous
favorisait ; nous pensâmes qu'en doublant tout-
à-coup les récifs, nous pourrions mettre quelques-uns de leurs bâtiments sous notre feu et
nous en emparer ; mais ils eurent l'air de soup-
çonner notre projet : car du moment que nos
gens parurent sous les mangliers qui bordaient
le rivage, le bâtiment malais le plus voisin tira
un coup de canon, et tous partirent au même
instant. On fit feu sur eux sans les atteindre;
cette circonstance fut cependant heureuse pour
nous ; car s'ils eussent conservé leur position,
nous étions à leur merci tout comme auparara-
vant, le vent et les courants ayant obligé le navire de mouiller à huit milles de l'île, et à douze

à peu près du lieu où nous étions; et comme le vent et les courants ne changèrent pas de quelque temps, les Malais pouvaient aisément avec leurs forces couper toute communication entre nous. Il est même extraordinaire, et ce fut une faveur de la Providence, que pendant cette mousson le navire pût autant s'approcher de nous. Le blocus levé, un de nos canots fut expédié pour reconnaître ce navire; c'était *le Ternate*, bâtiment de la compagnie des Indes, envoyé à notre secours avec deux de nos compagnons par lord Amherst.

Notre canot put venir nous rejoindre; mais le cutter du *Ternate* fut obligé d'y renoncer, après avoir lutté neuf heures contre le courant pendant la nuit du 3 au 4. Nous employâmes cette journée à disposer tout ce que nous avions sauvé de *l'Alceste*. Le 5, le cutter du *Ternate* arriva, et fut suivi de deux canots qui apportaient une caronade de 12, des boulets, de la mitraille, de la poudre et des balles, pour le cas où les pirates reparaîtraient avant notre départ, dont les préparatifs exigeaient toute la journée, à cause de la difficulté des communications.

Le 6, la plus grande partie de notre monde s'embarqua dans des canots, et gagna *le Ternate*; le radeau partit aussitôt avec quatre officiers, quarante-six matelots et une vache. Après une heureuse traversée, durant laquelle ils furent mouillés plus d'une fois, ils arrivèrent au bâtiment. On ramassa en tas, au haut de la montagne, tout ce que l'on ne put emporter, et qui

parut pouvoir être de quelque utilité aux Malais,
et l'on en fit un feu de joie. A minuit les canots
retournèrent à l'île pour en ramener le capitaine Maxwell et ceux qui y étaient restés avec
lui. C'est à la conduite ferme et humaine de ce
brave marin que nous devons d'avoir été pré-
servés des horreurs qui auraient été la suite du
désordre et de la confusion : sa conduite inspira
la confiancee, soutint l'espoir ; son exemple au
moment du danger animait et encourageait tout
ce qui l'entourait.

Il est assez remarquable que, pendant dix-
neuf jours que nous restâmes dans l'île, exposés
tantôt à des pluies violentes, tantôt à un soleil
qui dardait perpendiculairement ses rayons sur
nos têtes, aucun de nous ne tombât malade; ceux
même dont la santé était mauvaise en arrivant
guérirent tous, à l'exception d'un soldat de marine qui était au dernier période d'une maladie
de foie. Un autre homme, d'un très mauvais caractère, nous quitta le troisième jour de notre
débarquement ; nous n'entendîmes plus parler
de lui.

Nous traçâmes sur les rochers, en gros caractères , en noir et à l'huile , la date de notre départ, pour servir de renseignement aux navires
qui pourraient venir nous chercher ; et, le 7 ,
l'après-midi, nous dîmes adieu à l'île. On la
nomme Poulot-Lit : elle a environ six milles de
long sur cinq de large , se trouve à peu près à
2° 30' au sud de l'équateur , et fait partie de la
chaîne d'îles qui se trouve entre Bornéo et Ban-

ca, dont elle est voisine. Elle est inhabitée, et autant que nous pûmes nous en assurer, ne produit rien qui puisse être à l'usage de l'homme. Son sol paraît suceptible de culture. On y trouve l'arbre à cachou et le mangoustan, mais les babouins avaient mangé tous les fruits de ce dernier.

Le 9 mars nous arrivâmes à Batavia. *Le Ternate* étant un petit navire, une partie de l'équipage fit la traversée sur des canots. Le Malais blessé fut aussi emmené. L'articulation de son genou n'était pas rétablie à notre départ de Java, et je crois cependant qu'il est employé à bord du *Ternate*

INCENDIE DE LA GOELETTE LES SIX-SŒURS.

en 1819

La goëlette *les Six-Sœurs*, capitaine Hadoul, partie des îles Séchelles dans l'Océanie, voguait rapidement vers l'île de France ; elle transportait des marchandises et un certain nombre de passagers: on avait mis à la voile par une superbe journée : tout semblait promettre une traversée heureuse ; le chant des matelots se mariait

agréablement au bruit des vagues, et le capitaine
conversait avec madame Malfi., jeune veuve qui
se trouvait comme passagère à bord du bâtiment.

A peine la journée était-elle écoulée, lorsque
tout-à-coup, du fond de cale, un cri de terreur
se fit entendre : Au feu ! s'écriait un jeune mousse nommé René. Par une imprudence inexplica-
ble, le feu venait effectivement de prendre à
la goëlette, et l'incendie se propageait avec une
rapidité terrifiante.

Tout ce que l'énergie humaine a de plus actif
et de plus puissant est mis en œuvre à l'instant
même pour combattre l'affreux danger. Hélas !
inutiles efforts !..... le vent venait de s'élever ,
et l'incendie s'étendait vainqueur : sa flamme
monte, grossit, serpente , et bientôt un cercle
de feu enveloppe le bâtiment ; il brûle, s'enfonce
et va disparaître !

C'était le 1er août 1819, le soir d'une belle
journée dont chacun s'était félicité à son début,
et que maintenant tout le monde déplorait, en-
trevoyant qu'elle pouvait être leur dernier jour
d'existence.

Un petit canot échappé aux ravages de l'incendie avait seul offert un dernier moyen de salut
à l'équipage ; les passagers s'y étaient précipités
en désordre ; trente-huit individus s'y trouvaient entassés pêle-mêle. O nouveau désespoir!
ils s'aperçoivent que dans leur embarcation ,
trop petite pour les contenir tous à l'aise , il ne
restait plus assez de place au pilote pour agir et
les arracher du naufrage, s'il s'élevait la moin-

dre tempête ; et déjà les flots mugissaient , et déjà grondait le tonerre.

C'en est fait ; le canot trop plein, que nul bras ne peut diriger, va disparaître sous les vagues. Le capitaine et ses marins délibérèrent à la hâte sur le parti à prendre. Quelques victimes sont nécessaires au salut général ; il faut débarrasser l'embarcation des individus qui la surchargent; mais qui sacrifier? qui choisir?

Deux nègres prodiguaient tous leurs soins à madame Malfit, leur maîtresse, qui, mourante de frayeur au fond du canot, tendait les bras à son enfant qu'une nourrice allaitait près d'elle. Les regards des matelots se portent sur les noires figures ; le choix des victimes est fait.

Mais comment jeter impunément à la mer ces vigoureux êtres à cheveux crépus, dont le corps pesant et la force athlétique opposeraient une vigoureuse résistance à des volontés homicides. Point de doute, ils se débattraient, et une pareille lutte au milieu d'un frêle bateau que le moindre mouvement peut submerger ne tarderait pas à les livrer aux abîmes de l'onde. Il faut commencer par les femmes.

L'orage redoublait de violence ; il n'est pas de moment à perdre : Hadoul, le sang glacé dans les veines, se couvre le visage de ses mains... Un nègre avait oui la sentence ; il frappe sur l'épaule de son frère de couleur ; il échange avec lui à voix basse, quelques paroles vives et brèves; puis, s'adressant à madame Malfit : « Lui et moi , dit-il faire place , puis-

ô se bonne maîtresse à nous revoir patrie ! » Il
se retourne vers le commandant, et d'un ton
solennel il lui dit : « Capitaine , sauve la jeune
» veuve ! et nous... tout de suite... à la mer. »

Madame Malfit, que ces mots viennent d'éclairer, frémit sur sa destinée, en même temps qu'elle admire le sublime dévoûment de nes nègres.
« Capitaine , dit-elle à son tour, si je dois périr ,
» une prière seulement... que mon enfant du
» moins soit sauvé !...... qu'il devienne le
« vôtre.... capitaine ! »

La pauvre mère , tout en larmes , arrachant
son fils au sein de la nourrice, l'élevait en ce moment dans ses bras , et , à la lueur des éclairs
le présentait au sensible Hadoul. Ah ! officiers,
matelots , passagers, tous adoptaient du fond du
cœur l'enfant de la jeune veuve. « Pauvre petit !
nous l'embrasser ! » s'écrièrent avec transport
les deux nègres , en pressant de leurs noires
visages la blanche figure de l'enfant. « Adieu ,
petit maître ! nous à fond... puis là-haut. »

Et du doigt ils montraient le ciel. Puis , aux
longs éclats de la foudre, tous deux s'élancent
à la mer , et roulent au fond des gouffres !...
Ces deux victimes suffisent ; personne ne songe
à en vouloir d'autres ; on a place pour deux
rames ; l'on se sauvera, ou l'on périra tous
ensemble.

Pendant huit jours les naufragés errent à la
garde de Dieu sur l'océan Indien n'ayant de
vivres qu'un peu de viande crue et quelques
gouttes d'eau. Enfin , le neuvième jour, le capi-

taine aperçut la terre : c'était l'île de la Digue.
On y aborda heureusement, et trois jours
après tout le monde s'embarqua sur un petit
bâtiment fin voilier, pour se rendre à Mahé, île
principale des Séchelles, qui avait été le point
de départ dans ce pénible et désastreux voyage.

NAUFRAGE DE LA NATHALIE.

le 29 mai 1826

Obéissant à ce sentiment naturel qui fait trouver à l'homme quelques charmes dans le souvenir des malheurs qu'il a essuyés, je vais tâcher de raconter le naufrage auquel j'ai miraculeusement survécu.

Dire tous les dangers qui m'ont environné, toutes les douleurs physiques et morales qui ont pesé sur moi et sur les deux matelots compagnons de mon infortune, ce serait impossible. Jamais situation n'a été aussi déchirante. L'imagination la plus vive ne saurait s'en représenter toute l'horreur.

Le navire la *Nathalie,* du port de Granville, mit à la voile pour la pêche de la morue, à l'île de Terre-Neuve, le 25 mars 1826. J'étais second sur le navire.

Notre traversée fut d'abord assez heureuse.

Mais par le 51° 3' de latitude nord et le 56° 58' de longitude ouest, nous rencontrâmes des glaces flottantes. C'était le 29 mai. Nous voguions avec peu d'air. Une glace que nous abordâmes creva le bâtiment. L'eau entrait à grands flots. Ce fut alors une consternation, un désordre, une confusion inexprimables. Ici une stupeur profonde, un désespoir sombre et concentré ; là une agitation, un délire affreux, des plaintes amères, des cris perçants. Un malheureux père avait son fils très jeune encore ; il le tenait entre ses bras, et, dans l'égarement de sa raison, il criait de toutes ses forces : « Où est mon fils ? Oh ! de grâce, rendez-moi mon fils ; que du moins en périssant je le presse sur mon cœur. »

Le bâtiment s'enfonçait avec une effroyable rapidité. Il fallut renoncer à l'espérance. Tous levaient au ciel des mains suppliantes, faisaient des prières et des vœux, quand, sur les huit heures du soir, le navire disparut !.... Avec lui disparurent hélas ! pour jamais, la plupart des infortunés qui le montaient. Des soixante-quatorze hommes qui formaient notre équipage, dix-sept se sauvèrent dans le canot qui ne pouvait en contenir un plus grand nombre. On verra dans cet écrit comment quatre autres furent recueillis sur les glaces, et comment j'ai été avec mes deux compagnons arraché à la mort... Cinquante ont péri.

Je coulai avec l'équipage, mais bientôt je revins sur l'eau, et la Providence permit que je trouvasse, tout près de moi, deux morceaux de bois attachés l'un à l'autre. Sur ce frêle asile était le matelot Potier. Je m'y place à côté de lui. En vain nos regards, cherchant quelque moyen de salut, plongent de toutes parts sur le lugubre espace qui nous entoure, ils ne découvrent que des flots sombres et légèrement agités. Revenus du fond de l'abîme, notre perte n'était donc retardée que pour devenir plus cruelle.

Cependant nous aperçûmes bientôt une glace plate. Nous nous dirigeâmes vers elle. Après de longs et pénibles efforts nous abordâmes.

J'avais pour tout vêtement une chemise de laine, un pantalon, mes bas et mon chapeau que j'avais eu le bonheur de retrouver en revenant sur l'eau.

Mon malheureux compagnon n'était pas mieux vêtu il n'avait rien pour couvrir sa tête.

Ainsi nous nous trouvions presque nus, à demi gelés, affaiblis, livrés aux plus affligeantes idées. Nous restâmes quelque temps immobiles sur notre glace, mais, ayant confiance en Dieu, et ne voulant pas nous laisser lâchement abattre par le malheur, nous nous mîmes à marcher avec autant de vitesse que notre misérable état le permettait ; nous ne pûmes parvenir à rappeler la chaleur.

La brume, le verglas et la nuit vinrent mettre le comble à nos maux. Le froid était si pénétrant que, pour n'être pas entièrement gelés, il nous fallut marcher toute la nuit. Déjà nous sentions vivement l'aiguillon de la faim.

Le matin, dans une éclaircie, nous aperçûmes quatre hommes à une grande distance et un autre beaucoup plus près de nous. Cela nous fit plaisir. Il semble que les maux deviennent moins pesants quand ils sont partagés par quelques-uns de nos semblables. Bientôt le temps se couvrit et nous déroba la vue de nos compagnons. Nos regards restaient toujours fixés sur le point où ils étaient. Vers les neuf heures du matin, le temps redevint plus clair. Un bâtiment à trois mâts nous apparut dans les mêmes parages.

Nos yeux, attachés sur ce bâtiment, le suivaient avec anxiété. Il s'approcha, diminua ses voiles, fit la manœuvre nécessaire pour sauver les quatre malheureux.

Il nous semblait déjà partager leur bonheur. Notre cœur bondissait de joie, l'espérance rayonnait sur nos fronts. Intimement persuadés qu'on nous voyait, nous regardions notre délivrance comme certaine. Nous bénissions Dieu de nous avoir envoyé ce vaisseau sauveur. Nous avions à grand peine planté dans la glace un aviron dont nous nous étions saisis le jour du naufrage. Nous avions placé sur cet aviron mon chapeau et ma cravate que nous agitions afin de nous faire plus facilement remarquer. Le malheureux qui était sur une glace, non loin de nous, faisait avec une planche un signal du même genre. Mais, hélas! notre espérance fut cruellement déçue. Au bout d'une demi-heure, le bâtiment mit ses voiles au vent, louvoya parmi

les glaces et s'éloigna de nous, cherchant vainement à sauver d'autres victimes.

Toute la journée le bâtiment resta à notre vue.
Nos efforts pour nous en faire apercevoir et pour
nous rapprocher de l'homme qui n'était pas
éloigné de nous furent également inutiles. La
brume et la nuit vinrent. Le bâtiment sur lequel
reposaient de si vives espérances de salut dispa
rut entièrement : alors, comme un poids immense qui a été un moment soulevé, la douleur et
le désespoir retombent sur notre cœur et nous
plongent dans un morne et affreux silence. Enfin mon compagnon l'interrompit par ces mots
simples, mais prononcés d'une voix si triste qu'il
me perça le cœur : «Ah ! M. Houiste, plus d'espoir... Il nous faut donc périr de froid et de
faim, moi qui étais si heureux chez le maître
que je servais depuis plusieurs années. » J'essayai de ranimer un peu le courage de mon compagnon et de lui donner quelques motifs d'espérance que je ne partageais pas moi-même.

Nous passâmes cette nuit et la suivante sous
la pluie et le verglas, transis de froid, tourmentés
horriblement par la faim, d'autant plus accablés
que nous avions été près d'être arraché à notre
épouvantable situation. Dieu seul, en qui nous
mettions notre confiance, pouvait nous soutenir
au milieu de si terribles épreuves.

Le premier juin, une botte de pêcheur passa
près de notre glace. Nous tâchâmes de l'attirer
vers nous. Il nous semblait que nous l'eussions
dévorée en un instant. Ne pouvant l'atteindre

avec notre aviron, je fus sur le point de l'aller
chercher à la nage. Je n'osai : me sentant trop
affaibli, je craignais de rester gelé dans l'eau.
Alors avec un couteau j'enlevai des parcelles de
notre aviron. Je voulais les manger ; mais je n'y
pus réussir.

Nous ne cessions de porter autour de nous des
regards avides, dans l'espérance de trouver à
notre portée quelque chose qui pût servir à notre nourriture. Le jour, la faim était le plus
grand de nos maux. La nuit, c'était le froid. Il
ne nous permettait pas de prendre un instant de
repos.

Le même jour, la brume se dissipa, et nous
aperçûmes des débris de *la Nathalie* et le même
homme que nous avions cherché à joindre le
30 mai. Parmi ces débris, je distinguai, à environ cent pas de nous, une cage à poules. Tout
près de nous était une petite glace capable à
peine de porter un homme. Je me hasardai à y
passer, et avec le couteau de Potier j'y fis une
entaille pour placer notre aviron. Alors la glace
me servait comme d'un canot pour aborder les
débris. Je visitai ainsi beaucoup de barils. Il se
trouva que tous étaient ou défoncés ou débon-
dés, et pleins d'eau de mer. Je poursuivis ma
route vers la cage à poules, et je parvins à la
saisir. Elle contenait quatre poules noyées. A
cette vue, ma joie fut inexprimable. Depuis notre naufrage nous n'avions eu pour nourriture
que de petits morceaux de glace !.... Je mangeai
ou plutôt je dévorai à l'instant une cuisse d'une

de ces poules. Ce peu de nourriture me donna quelque force et beaucoup de courage. Mon triste compagnon ne me quittait pas des yeux. Il vit que je mangeais : cela redoubla sa faim. Alors, les bras tendus vers moi, il me criait d'un ton lamentable : « Ah ! M. Houiste, de grâce apportez-moi à manger. » J'avançai vers lui de toutes forces. Il ne cessait de répéter d'une voix altérée et presque éteinte : « Pour Dieu, M. Houiste, venez donc vite. » Nous fûmes bientôt réunis. Nous achevâmes de manger cette poule sans prendre le temps de la plumer. Nous tentâmes en vain d'avaler les plumes. Jamais nous n'avions fait un si délicieux repas...

Dans le cours de nos recherches, nous trouvâmes une barrique de cidre débondée ; avec des efforts incroyables, nous réussîmes à la monter sur notre glace. Il y était entré de l'eau de mer ; mais cette eau ne s'était pas entièrement mêlée avec le cidre ; quand nous eûmes fait couler à peu près la moitié du liquide que contenait la barrique, le reste nous fournit une boisson supportable.

Une demi-heure après, environ à un demi-quart de lieue au vent à nous, nous découvrîmes une petite chaloupe. Nous tressaillîmes de joie. Cette chaloupe pouvait être pour nous un moyen de salut.

Nous montons sur une autre glace et nous abandonnons notre barrique, peu importante pour nous, car les morceaux de glace nous désaltéraient : mais nos trois poules nous étaient

trop nécessaires pour les oublier. Ne voyant pas
les boyaux de celle que nous avions mangée, je
demandai à Potier ce qu'il en avait fait. Il me
répondit qu'il les avait jetés à la mer. Cela me
mit en colère. Je lui reprochai vivement cette
faute, ou plutôt cette irréflexion. Des paroles
dures m'échappèrent. L'infortune m'avait ai-
gri.

Afin d'avoir des clous, nous ôtions les cercles
des bouts de chaque barrique que nous rencon-
trions. Comme je savais qu'il fallait une fausse
pièce à la chaloupe, j'arrachai deux douvelles
d'une de ces barriques. Nous atteignîmes enfin
la chaloupe. Elle était entre deux eaux. Quand
nous y fûmes entrés, nous avions l'eau à la ceinture. Alors le point sur lequel j'appuyais l'aviron s'élevait seul au-dessus de l'eau. Dans cet
état, un léger poids de plus aurait fait couler
cette chaloupe à fond. Je la dirigeai vers le
malheureux que nous voyions seul, sur une
glace, éloigné de nous d'environ une demi-
lieue.

Potier ne savait pas godiller, c'est-à-dire conduire un bateau avec un seul aviron placé à la
poupe. C'était donc toujours à moi de ramer.
Comme cela me fatiguait beaucoup, je conçus
le projet de rendre la chaloupe navigable. A cet
effet, je pris un bout de funin qui était dans la
chaloupe, je le coupai en deux et l'amarrai au
banc, afin de tourner la chaloupe la quille en
haut et d'y placer la fausse pièce. Malgré des efforts inouïs, nous ne pûmes en venir à bout.

Nous nous remîmes dans la chaloupe, et je continuai de la diriger.

Un baril de beurre défoncé passa tout près de nous. C'était un objet d'un prix inestimable pour notre nourriture et pour étancher la fausse pièce. J'exhortai Potier à le saisir. Il le fit ; mais bientôt il me dit qu'il ne pouvait le tenir plus longtemps, ayant beaucoup de peine à se tenir lui-même. A ma prière, il prit un peloton de ce beurre et lâcha ce baril qui nous aurait été si utile si nous eussions pu le conserver. Peu après, Potier, qui était toujours sur le devant de la chaloupe, sauva une casquette que je reconnus être celle de notre capitaine. C'était un bonheur pour Potier qui jusqu'à ce moment était resté la tête nue.

Après une heure et demie de travaux sans relâche, nous abordâmes enfin la glace du malheureux que nous voulions joindre. C'était Julien Joret, matelot de notre équipage. Son état était déplorable : un morceau de poule que je lui donnai lui rendit quelques forces. Cette nourriture et le bonheur de se trouver avec nous le ranimèrent. Ignorant sur quoi nous étions portés, il ne savait comment nous avions pu arriver jusqu'à lui ; nous lui apparaissions comme des êtres envoyés par miracle. Mais quand il vit que nous étions sur la chaloupe de *la Nathalie*, quand je lui eus assuré que nous avions, avec son secours, la presque certitude de la mettre à flot, sa joie fut au comble. Cependant ce travail était bien difficile pour nos forces épuisées. Durant plus d'une demi-heure, nous nous trouvâmes, Potier et moi, dans l'impuissance de nous mouvoir. Nos jambes et nos cuisses étaient engourdies de froid et de fatigue; nous ne les sentions plus. Nous eûmes bien de la peine à nous mettre debout. Enfin nous réussîmes à marcher peu à peu et à rappeler quelque chaleur.

Il se rencontrait sur la glace de Joret plusieurs chemises et une petite chaudière. Il nous apprit que le 30 mai, un coffre avait été poussé près de lui, qu'il avait eu le bonheur de l'arrêter, mais que la mer trop rude en ce moment ne lui avait pas permis de le vider entièrement. Cependant le froid qui nous glaçait, Potier et moi, avait un peu diminué. Réunissant tous trois nos forces, nous halâmes la chaloupe le long de notre glace. L'eau, devenue un peu moins trouble, nous permit de voir au fond de cette chaloupe une veste et le petit marteau du charpentier. Cette découverte nous causa un grand plaisir. Cette veste et ce marteau étaient pour nous d'une valeur inappréciable. On ne saurait s'imaginer avec quelle avidité on saisit, dans un extrême danger, les moyens que l'on croit susceptibles de contribuer quelque peu à adoucir la rigueur du sort contre lequel on lutte. Je déposai sur la glace ces précieux objets, et nous travaillâmes à tourner la chaloupe la quille en haut. Cette opération exigea les plus grands efforts. Monté sur la chaloupe, je pris la mesure de la fausse pièce; et, après l'avoir tracée sur une des douvelles de la barriques, je chargeai

Joret, qui avait un peu moins froid aux mains, de la tailler avec son couteau. Pendant que Joret s'occupait de ce travail, Potier pétrissait la pelotte de beurre, et moi, avec le petit marteau, j'arrachais d'une des planches sauvées par Joret un clou d'environ trois pouces. Tout étant préparé avec le soin que nous pouvions apporter à cette opération à laquelle nous attachions notre salut, je clouai la fausse pièce, et afin qu'il restât moins d'ouverture pour le passage de l'eau, je mis une des manches de la veste à servir de frise. Avec une des chemises de Joret j'essuyai la fausse pièce, et j'y appliquai la pelotte de beurre. Ensuite nous retournâmes la chaloupe et nous la poussâmes à la mer. L'eau pénétrait encore, mais notre petite chaudière nous servait à l'épuiser.

A peine notre chaloupe était à flot que nous eûmes connaissance de la terre, à une distance d'environ dix lieues. Je reconnus que c'était Belle-Isle et Groays (1). A cet aspect, l'espérance augmente et la joie rentre dans nos cœurs. Quelque affreuse que fût notre position, ce premier jour de juin, notre malheur fut supportable. Sur un élément perfide, excédés de froid, tourmentés par le besoin sans cesse renaissant du sommeil et de la faim, pressés par les glaces flottantes qui pouvaient à chaque instant briser notre frêle nacelle, notre salut paraissait assuré. Nous avions confiance que la Providence, qui

(1) Belle-Isle et Groays sont deux petites îles sur les côtes de Terre Neuve

nous avait si visiblement protégés jusque là, ne
nous abandonnerait pas. Nous voyions la terre,
cette vue nous faisait presque oublier nos maux
et nos dangers. Nous ne doutions pas que la
terre que nous nous flattions d'atteindre bientôt
ne fût le terme de nos souffrances. Hélas ! le
malheureux se précipitent de toutes leurs forces
sur la plus faible espérance ; ils embrassent avec
ardeur jusqu'à l'ombre qui trop souvent les sé-
duit.

Une brise légère soufflait du sud-ouest ; jusqu'au 2 juin nous continuâmes à nous diriger
vers la terre. Ce jour-là, nous n'étions plus qu'à
quatre lieues de Groays, quand sur les dix heures
du matin nous fûmes enfermés dans les glaces.
Il nous restait pour tous vivres deux poules et
demie !...

Vers cinq heures du soir la brume nous re-
prit ; quatre jours se traînèrent dans cette douloureuse situation ; nous vivions avec une pro-
digieuse économie. Pas un os n'était mis de côté.
Avec une cuisse, une aile, ou la carcasse, qu'un
de nous partageait en trois, nous faissions deux
repas par jour ! Je proposai à mes compagnons
de prendre chacun le morceau qui leur conve-
nait. C'est ici un besoin pour mon cœur de dire
qu'ils n'y voulurent jamais toucher que je
n'eusse pris ma part ! Je l'avoue, j'étais sensible à ces égards qu'ils me conservaient dans notre commune infortune, et malgré la faim terrible qui les pressait....
Lorsque nos portions étaient faites pour un

repas, nous cachions avec soin , dans l'arrière de la chaloupe, le reste de nos vivres, de crainte de céder au désir d'y toucher trop tôt.

Celui de nous qui se trouvait avoir la patte, la mangeait jusqu'aux ergots. Les deux premiers jours, Potier ne pouvait avaler les os. Après les avoir bien mâchés, il nous les donnait, à Joret et à moi, qui les avalions sans peine ; mais le troisième jour il nous fallut réduire de moitié notre chétive portion ; alors Potier mangea aussi les os, et nous fûmes privés de ce précieux supplément.

Je m'arrête pour reposer mon cœur qui se soulève encore en racontant des détails si tristes et si dégoûtants. Eprouva-t-on jamais une misère aussi épouvantable?... Cependant cette misère devait s'aggraver encore !...

Le 6 juin, vers onze heures du matin, le temps s'éclaircit un peu, et nous découvrîmes une trentaine de navires près de la *banquise*, à environ deux lieues à l'est de nous. Aurons-nous le bonheur d'être aperçus de ces bâtiments ? Nous délibérons sur ce qu'il nous convient de faire. La chaloupe sur laquelle nous avions tant compté faisait corps avec les glaces. Il nous était désormais à peu près impossible d'en tirer parti. D'un commun accord nous résolûmes de tenter de nous rendre à bord par la voie des glaces qui nous paraissaient s'allonger jusqu'aux bâtiment. Nous plantâmes dans notre chaloupe, que nous abandonnions à regret, notre aviron surmonté d'une chemise, afin de pouvoir la retrouver si nous n'étions pas sauvés par quelque navire.

Les pieds de nos bas étaient complétement usés. Nous coupons en trois bouts ce qui en restait afin d'envelopper nos pieds en fixant chaque bout de bas au moyen plusieurs fils que nous avions décordés d'un bout de funin. Pour mieux défendre nos jambes, nous lions aussi nos pantalons à l'extrémité inférieure. Il était nécessaire de soutenir nos forces défaillantes; nous mangeons une moitié de poule; c'était tout ce qui nous restait..... Après avoir fait ces dispositions, et nous être recommandés à Dieu, nous nous mîmes en route, munis des deux petites planches qui nous servaient comme d'un pont pour passer d'une glace sur l'autre. Les glaces assez unies nous offraient une route qui n'était pas trop difficile. Nous ne marchions cependant pas bien vite ; nous étions si affaiblis ! nous avions déjà tant souffert !..... A mesure que nous avançions , notre courage croissait avec l'espérance. Nous commençions, encore une fois, à entrevoir notre salut. Mais, arrivés à peu près à moitié de la distance qui nous séparait des bâtiments, ô malheur qui ne peut se décrire ! un fort vent de nord-ouest souffle , divise, détache et éparpille toutes les glaces..... Notre sort est devenu plus affreux. Nous ne pouvons ni avancer vers les bâtiments , ni rejoindre notre chaloupe. Alors, navrés de douleur, nous montons sur une grosse glace qui était près de nous; de là, avec nos planches et nos cravates, nous faisions des signaux. Hélas! tout fut inutile. Nous étions réservé à des maux plus effroyables. Dans ce moment, nous sentîmes plus vivement que nous ne l'avions fait jusque-là l'horreur de notre position. Le sort de nos compagnons qui avaient péri au moment du naufrage nous paraissait digne d'envie.... En périssant avec eux, nous n'eussions pas éprouvé une agonie aussi longue et aussi déchirante. Les souffrances présentes nous accablaient, et l'avenir nous en offraient de plus épouvantables encore.

Depuis huit jours, nous n'avions eu pour soutenir notre déplorable vie que quatre poules noyées... Il ne nous restait plus rien... Dans ces parages, on voit communément des loups marins sur les glaces, où ils marchent ou plutôt se traînent avec assez de lenteur. J'en avais souvent aperçu dans les dix campagnes que j'avais faites précédemment à Terre-Neuve. Si nous eussions eu le bonheur d'en rencontrer, armés de nos planches, il nous eût été facile de les tuer. Il ne s'en présenta pas.

Ainsi, privé de toutes ressources, abandonnés de toute la nature, dévorés par la faim, demi-morts de froid, le désespoir s'empara de nous.... Les yeux égarés, la bouche ouverte, nous nous regardions en silence...... Cette scène d'angoisses inexprimables dura une heure.... Nous invoquâmes Dieu, cela nous fit du bien. Nous nous abandonnâmes avec confiance à la Providence.

Vaincus de faiblesse et de fatigue, nous éprouvions un besoin insurmontable de nous livrer au
sommeil; mais à chaque instant l'humidité et le
froid nous réveillaient cruellement... Cette
souffrance dépasse tout ce qu'on peut imaginer.
Celle que nous causait la faim , quoique portée
au plus haut degré, était plus tolérable.

Pour empêcher nos pieds de se geler complétement, nous les tenions dans une agitation
continuelle. Quand la fatigue nous forçait de
cesser ce mouvement, je m'asseyais sur une de
de nos planches, vis-à-vis un de mes compagnons, et je portais mes pieds sous ses aisselles,
en même temps que les siens se cachaient sous
les miennes.

Durant les courts moments où nous cédions
au sommeil, nous éprouvions une jouissance qui
ne tardait pas à se changer en supplice. Il nous
semblait que nous étions sauvés, ou qu'on nous
présentait des vivres. Pour moi, je croyais alors
voir le maître-d'hôtel de la *Nathalie* m'offrir le
biscuit et les mets qui avaient servi au dernier
repas fait avant le naufrage ; mais bientôt le réveil venait nous arracher l'officieux rêve , et
nous replonger dans la triste réalité.

Le même jour (6 juin), sur les dix heures du
soir, la brise du nord-ouest faiblit. Les vents du
large revinrent et ramenèrent la brume et la
pluie. La glace à laquelle nous étions comme
enchaînés était presque ronde, et si peu étendue, que nous pouvions à peine y faire cinq à
six pas. Sur cet étroit théâtre, la nuit fut affreuse.

Quand enfin le jour reparut, mes deux compagnons avaient les extrémités des pieds noires et gelées.

Le besoin du sommeil devenait tout-à-fait invincible. Pour y céder, nous nous asseyions sur nos deux petites planches. A peine commencions-nous à dormir, que nous tombions, et l'eau fondue autour de nous par la chaleur de notre corps se gelait et nous forçait de nous réveiller.

Cette déchirante situation se prolongea durant quatre jours. Ces quatre jours furent pour nous comme autant de siècles de souffrances de tout genre, et à chaque instant renouvelées. Quand je me les rappelle, mes cheveux se dressent, et je frémis jusqu'au fond de l'âme.

Le 10 juin, j'observai avec une extrème douleur que nous n'étions plus sur le passage des navires. Nous avions été portés au moins à six lieues dans le sud. Il nous fallait donc renoncer tout-à-fait à l'espoir d'être sauvés par quelque bâtiment. La terre avait reparu à nos regards sur les deux heures du matin. Les glaces nous semblaient serrées jusqu'à la côte. Je dis à mes compagnons qu'il valait mieux mourir en marchant et en tentant les derniers efforts, que de rester sur cette malheureuse glace, où nous ne pouvions désormais attendre qu'une mort inévitable et prochaine. Ils m'approuvèrent, comme ils l'ont toujours fait. Nous prîmes nos deux petites planches, et nous commençâmes notre route vers la terre, dont nous étions éloignés d'environ six lieues. Il m'est impossible de donner l'idée de tous les tourments éprouvés dans ce cruel trajet, qui dura trois jours. Soutenus par un faible reste d'espérance, nous cheminions lentement vers cette terre de salut. Souvent nous trouvions devant nous des intervalles trop considérables qui séparaient les glaces, et nous forçaient à faire d'assez longs circuits; notre faiblesse, les inégalités des glaces, rendaient notre marche excessivement pénible. A chaque instant un de nous était tombé, et les efforts réunis des deux autres suffisaient à peine pour le relever et le retirer de la mer. Les derniers lambeaux de nos bas avaient totalement disparu, le sang qui coulait de nos blessures et de nos pieds écorchés marquait la trace de notre douloureux passage.

Nous marchions depuis deux jours; nos blessures, aigries par l'eau de la mer, nous causaient des douleurs atroces. Nous étions au 12 juin; nous crûmes que ce jour-là serait le dernier de notre vie. A une demi-lieue de terre les glaces nous manquèrent.... Jusque-là il nous était resté quelque espoir; à ce moment il s'évanouit tout-à-fait. Sur notre glace s'arrondissait une voûte en forme de champignon. Nous nous jetâmes sous cette voûte; mes deux compagnons languissaient étendus sur la glace, adossés l'un contre l'autre. Pour moi, je m'étais assis. La tête appuyée dans les mains, l'âme gonflée de tristesse, accablé de désespoir, je priais Dieu de nous délivrer de la vie. Nous avions l'espérance et le désir d'être écrasés par la chute de cette voûte. N'avions-nous pas assez fait pour soutenir notre misérable existence ? Recueillis devant la pensée de l'éternité, nous attendions la mort avec résignation. Elle nous paraissait douce et désirable.

Bientôt cependant ce sentiment qui s'éteint le dernier dans l'homme, le désir de sa conservation, se réveille, et nous détermine à faire de nouveaux efforts pour échapper à la mort près de nous frapper.

Les vents du large s'étaient levés et avaient poussé les glaces plus près de la côte. Cela nous rendit un peu de courage. Au milieu des souffrances que nous avions pu supporter, mais que nous ne saurions exprimer, nous continuâmes à marcher vers la terre. Nous la touchions presque cette terre tant désirée. A peine un quart de lieue nous en séparait.... Mais, ô ciel ! ce quart de lieue était une mer sans glace...

Nous fûmes atterrés, le désespoir revint. Nos regards se portèrent tristement vers le ciel, et nous nous dîmes adieu. D'une voix presque éteinte, nous prononçions nos derniers regrets. Il est si dur de mourir loin des lieux qui nous ont vu naître, loin de nos parents et de nos amis !... Le souvenir de ma jeune épouse, que je quittais pour la première fois depuis notre union, me poursuivait sans cesse et ajoutait un nouveau poids à mes maux. En ce moment, ce souvenir me tourmenta, m'exalta jusqu'au dé lire. La force morale m'abandonnait, et je conservais à peine assez de force physique pour faire quelques pas et atteindre le bord de l'abîme que nous ne pouvions franchir.

La Providence qui veillait sur nous me rappela à moi-même, me redonna quelque lueur d'espérance, et m'inspira une idée salutaire. Une petite glace était près de nous : « Courage, dis-je à mes compagnons, encore plus abattus que moi : courage, mes pauvres amis; tâchons de monter encore sur cette glace, et là nous allons nous abandonner à ce qu'il plaira à Dieu »

Mes compagnons me suivirent, et nous vînmes à bout d'atteindre cette glace. Avec nos petites planches nous la dirigions assez heureusement vers la terre. Mais, ô douleur! cette nacelle de neige gelée se divise en deux morceaux.... Un de mes compagnons était sur un de ces morceaux, à moitié dans l'eau, près de périr. Nous serrons vite nos planches sous nos aisselles, et le saisissons par les mains. Nous tenant ainsi tous trois en forme de cercle, nous eûmes le bonheur de nous maintenir sur notre glace fendue, que nous faisions péniblement mouvoir en la poussant de nos pieds, appuyés contre les aspérités dont elle était hérissée. Dans cette périlleuse situation, nous abordâmes une autre glace ; nous en changeâmes quatre fois dans cette journée. Enfin les dernières difficultés furent surmontées, et nous atteignîmes la terre. C'était le 13 juin, vers les cinq heures du soir

Nous la touchions donc cette terre, que nous

appelions de tous nos vœux, où nous tendions de toutes nos forces, cette terre que nous regardions comme le terme de nos maux.... Hélas ! nous nous abusions.... Accablés de tout ce que nous avions souffert, nous tombâmes sur l'herbe. Nous prîmes un peu de repos. Nous avions la confiance que le sommeil nous ferait du bien. Il en arriva tout autrement ; le réveil fut terrible. Le malheureux Joret était aveugle....... Ni lui ni Potier ne pouvaient faire aucun mouvement. Par bonheur, j'avais encore un peu plus de courage et de force. Je me traînai sur les genoux et les coudes vers le *plain* , où je trouvai des moules dont je remplis mon chapeau. Quoiqu'il n'y eût qu'une vingtaine de pas, j'eus bien de la peine à les rapporter. Nous dévorâmes ces moules avec une avidité inconcevable ; nous avalions jusqu'aux écailles. Depuis sept jours nous ne vivions que de glace.

Cependant les plus tristes réflexions viennent nous assaillir. Nous ne pouvions aller au loin chercher des secours ; d'ailleurs cette côte était-elle habitée ? N'avions-nous pas à craindre les bêtes sauvages, surtout les ours, communs dans cette contrée ? Quel moyen de nous défendre de leurs attaques ? Nous n'avions donc fait que changer de dangers... Des copeaux et des morceaux de biscuit, que je vis passer sur la mer, le long du rivage, vinrent bientôt m'arracher à ces sombres pensées et m'apporter une indicible joie. Nous n'étions donc pas sur une côte déserte. Mais cette joie dura peu.

Le 15 et le 16 , il nous fut impossible de nous procurer des moules. Continuellement battus par une pluie extrêmement froide, nous n'eûmes pour nourriture que quelques brins d'herbe que la faim nous força de manger, et que nous ne pûmes digérer....... O hommes, qui vivez dans l'abondance, comparez votre sort au nôtre !

L'infortuné Joret ne pouvait se remuer ; il ne pouvait pas même aller à une mare à six pas de nous. Je m'y traînai, et je lui apportai de l'eau dans mon chapeau.

Dans le désir de découvrir quelque habitation, j'essayai de gagner une pointe éloignée d'environ un demi-quart de lieue. Après avoir fait à peu près cinquante pas, je tombai d'épuisement.

Je me ranimai, afin de revenir mourir près de mes compagnons. Il me semblait que la mort me serait moins amère si je la recevais à leurs côtés. Ensemble nous avions souffert, ensemble nous devions mourir.

Avant de rendre le dernier soupir, je voulais écrire nos noms sur une pierre. Peut-être seraient-ils découverts et transmis à nos familles. Nous ne pouvions pas même jouir de cette consolation. Mes mains étaient tellement paralysées, qu'elles ne me permettaient pas de tenir un couteau.

Le lendemain 17 fut un jour de bonheur. Le temps devint beau. Pour la première fois nous ressentîmes une chaleur bienfaisante. Joret recouvra la vue. Ce fut lui qui, le premier, aperçut, vers les quatre heures du soir, sur la baie où depuis le matin nos regards étaient toujours fixés, une goëlette anglaise qui longeait la côte. Notre cœur se rouvrit à l'espérance. Je parvins à me mettre debout, et j'engageai mes compagnons, qui ne pouvaient plus se lever, à crier de toutes leurs forces avec moi. Nos cris égalaient à peine ceux d'un enfant; ainsi les Anglais pouvaient nous entendre; mais ils nous aperçurent. Nous les vîmes s'embarquer dans leur petite chaloupe et se diriger vers nous. Je n'essaierai pas de dire quelle fut notre joie; c'était une ivresse, un transpor un délire au-delà de toute expression. Nos cœurs, si long-temps et si douloureusement affectés, se fondaient... Enfin nous versâmes d'abondantes larmes. Oh! combien ces larmes étaient douces! sans elles nous eussions été étouffés de joie. Le bonheur était revenu trop vite, et nous avait saisis avec trop de violence.

En comparant depuis les diverses sensations que j'éprouvai dans ces jours désastreux, je suis convaincu que l'extrême joie produit un mouvement si général, ébranle si puissamment toutes nos facultés, qu'elle ferait périr, si Dieu n'en arrêtait le terme. L'extrême douleur nous affecte moins profondément; il est plus facile de la supporter.

A mesure que nos sauveurs s'approchaient, ils ramaient avec plus de force. La peine que nous avions à nous traîner vers le rivage leur faisait déjà comprendre que nous étions dans la plus affreuse détresse. Aussitôt qu'ils eurent abordé, trois d'entre eux s'élancent de la chaloupe, et nous prennent dans leurs bras pour nous embarquer. Ces bons Anglais, ils pleuraient comme de enfants. Nous étions aussi dans un état tout-à-fait digne de pitié. Couverts de plaies, à demi-nus, décharnés, les yeux cayes et presque éteints, à peine conservions-nous un reste de figure humaine. On eût dit des cadavres arrachés du fond des tombeaux. Tous les Anglais qui étaient à bord de la goëlette nous témoignèrent le plus vif intérêt. L'attendrissement était général. L'épouse du capitaine nous marqua surtout une touchante sensibilité. On s'empressait autour de nous ; on nous prodiguait les soins les plus tendres. Une charité active et délicate prévoyait nos besoinss.

Le capitaine anglais nous porta dans le havre de Fourché, sur le bord duquel nous étions, et nous remit à une habitation française. Là j'éprouvai un sentiment bien pénible. La plume me tombe des mains. Des Anglais nous avaient accueillis avec bonté, et des Français, indignes de ce nom, si justement illustré par tous les sentiments nobles et généreux, ne nous témoignaient que de l'indifférence. Je ne nommerai pas le capitaine et son chirurgien ; ce serait appeler sur eux le mépris et l'indignation. Je les plains d'avoir étouffé dans leur cœur cette sensibilité si naturelle et si française, qui porte l'homme à compatir aux souffrances de ses semblables , alors surtout que l'on est témoin de leur horrible détresse. Délaissés par des compa- triotes , je priai le capitaine anglais de nous reprendre à son bord. Il y consentit volontiers, et nous promit de nous conduire où je voudrais .

Le 19 juin , nous partîmes de Fourché. Peu après , le capitaine anglais me fit apercevoir un brick français que je reconnus être *la Bonne- Mère*, de Grandville. A ma prière , le bon capi- taine anglais me fit mettre à bord. Deux hommes du brick me donnaient la main pour m'aider à monter. Ils me recevaient croyant que j'étais un Anglais malade ; mais bientôt un d'eux me reconnaissant , s'écria : C'est le *second* de *la Na- thalie !* A ce mot tout l'équipage de *la Bonne- Mère* poussa des cris de joie. Je m'empressai de dire à M. Helain , armateur de ce navire , que deux compagnons d'infortune , encore plus malades que moi , étaient sur la goëlette anglai- se. Aussitôt M. Helain envoya avec son médecin des hommes pour les apporter à son bord. Ainsi nous quittâmes le généreux Anglais à qui nous devions la vie. Son nom est Witheway, capitaine de la goëlette *les Frères de Saint-Jean.* En nous séparant de lui , nous versions des larmes de reconnaissance. Ah ! le souvenir de ses bien- faits vivra toujours profondément gravé dans nos cœurs. Homme respectable , que votre mé- moire soit bénie des gens de bien ! Puissiez-vous jouir du bonheur que méritent vos vertus !

Nous devons une vive reconnaissance au digne M. Helain, à son médecin et à tout son

équipage. Nous avons reçu avec surabondance ,
sur son bâtiment , tous les secours que récla-
mait notre situation. Nous y avons été constamment traités avec une affectueuse amitié. Helain,
Witheway , vous nous avez prouvé qu'il est des
hommes dont la conduite honore l'humanité.
Que l'estime universelle, que la protection du
ciel soit à jamais votre partage !

Enfin nous avons été rendus à nos familles
avec une santé délabrée, un estomac ruiné , une
constitution altérée. L'excellente nourriture que
nous trouvions sur le bâtiment de M. Helain me
rétablit lentement. Au bout de quelques jours
j'éprouvai un affaissement , un anéantissement
complet de mes forces physiques. Il me survînt
un dépôt à la tête, causé probablement par
l'usage de l'eau de glace.

NAUFRAGE DU VAISSEAU LE HENRI IV,

A Eupatoria, le 14 novembre 1854.

Le *Henri IV*. après avoir pris une large part au bombardement de Sébastopol, fut envoyé à Eupatoria pour relever l'*Iéna ;* cette rade, ainsi que la place, étaient depuis quelque temps le point de mire des attaques des Russes, qui paraissaient attacher le plus grand prix à l'occupation de cette position importante.

Le capitaine Jéhenne, avec ses formidables batteries et son équipage composé de matelots intrépides, était bien l'homme qu'il fallait pour prêter main-forte à la garnison d'Eupatoria, et tenir les ennemis en respect. Ce brave marin, sous l'influence de tristes pressentiments qui devaient malheureusement se réaliser bientôt, écrivait quelques jours après au vice-amiral Hamelin :

« Je me considère comme en perdition sur la rade d'Eupatoria, lorsque viendra un coup de vent sud-ouest. »

Le capitaine Jéhenne prévoyait-il, avec ses instincts de marin expérimenté, l'effroyable tempête qui éclata dans la mer Noire le 14 novembre 1854? Il y a dans la vie humaine, sur-

tout dans la carrière navale, des faits mystérieux
dont il est impossible de se rendre compte.

Le Pont-Euxin , aujourd'hui mer Noire, était
regardé par les anciens navigateurs comme le
séjour habituel des ouragans et des tempêtes. La
Tauride et la Chersonnèse, aujourd'hui Crimée,
étaient des plages inhospitalières où les malheureux naufragés périssaient sous le couteau des
sacrificateurs voués au culte de divinités impla-
cables.

Mais de mémoire d'hommes on n'avait vu une
tempête pareille à celle qui éclata le 14 novembre. Pendant toute la matinée du 13, disent les
rapports officiels, il venta grand frais, et le vent
mollit sur les dix heures ; la nuit fut bonne ;
mais le baromètre, qui baissait rapidement,
inspirait à tous de sérieuses inquiétudes. Le 14,
à six heures et demie du matin, il était descendu
à sept cent quarante millimètres : aussitôt le
temps se mit à grain, la brise fraîchit graduelle-
ment et hâta le S.-E. A sept heures la tempête
se déclara.

Depuis ce moment elle augmentait de minute
en minute. De neuf heures à midi, elle fut à son
paroxysme et tourna en ouragan. Le vent était
si fort qu'il volatisait la mer et rendait la surface
aussi blanche que si elle eût été couverte d'une
couche de neige. A plusieurs reprises, la pous-
sière de la mer, soulevée par un vent furieux,
inonda l'atmosphère à une hauteur énorme,
entoura les vaisseaux, qui paraissaient plongés
dans les nuages, leur dérob la vue du ciel et

de la mer, et s'abattit sur eux en trombe formi-
dable.

Un de ces effets dura une demi-heure. Pendant ce temps, la tourmente fut si terrible qu'elle
coucha par terre, à plusieurs reprises, toutes les
personnes qui se trouvaient sur les dunettes, et
qu'elle souleva plusieurs officiers, qui furent
obligés de se faire amarrer afin de pouvoir continuer leur service. Il était neuf heures et demie
lorsque ce phénomène commença, et pendant
toute sa durée il fut impossible de rien distinguer sur les vaisseaux au-delà d'une portée de
quelques mètres.

Pendant cette fatale journée, la rade et la
plage d'Eupatoria ne cessèrent d'offrir le plus
sinistre aspect.

Des milliers de Cosaques, des positions qu'ils
occupaient autour de la place, voyaient tout ce
qui se passait dans la rade, l'agitation de la
mer, les navires échoués ; ils espéraient sans
doute surprendre Eupatoria pendant cette tourmente ; mais grâce aux bonnes dispositions
arrêtées depuis longtemps par le commandant
français, ses défenseurs étaient tous à leurs postes, et quand l'ennemi parut, il trouva chaque
batterie prête à riposter à son feu.

Ce fut alors que commença le combat d'artillerie qui dura plus d'une heure, sans que le feu
se ralentît un seul instant, et dans lequel les
Russes présentèrent en ligne quatorze pièces de
fort calibre. Derrière l'artillerie, plus de six
mille hommes se trouvaient en réserve, prêts à

se porter contre la ville , dans le cas où l'enceinte présenterait quelque côté vulnérable ; mais, après une lutte d'une heure, l'artillerie ennemie fut obligée de battre en retraite.

Ce combat fit d'autant plus d'honneur à la garnison d'Eupatoria, qu'elle était numériquement très faible, en égard au nombre des assaillants et au développement de l'enceinte qu'elle avait à défendre. Cette garnison, composée de deux compagnies d'infanterie de marine, de la compagnie de débarquement du *Henri IV*, de quelques Turcs, des équipages du *Bellérophon* et du *Léandre*, en tout huit cents hommes environ, tint tête à des forces dix fois plus considérables.

Pendant que les hommes du *Henri IV* contribuaient ainsi pour une large part à la glorieuse défense d'Eupatoria, les officiers et l'équipage de ce beau vaisseau prenaient les dispositions les plus énergiques pour mettre le littoral à l'abri de nouvelles tentatives de la part de l'ennemi. Mais avant d'arriver à la funeste tempête du 14 novembre, tâchons de recueillir dans la chronique du bord, quelques-uns de ces traits qui caractérisent le marin français.

Trois jours avant l'attaque d'Eupatoria par les Russes, un canonnier du *Henri IV*, debout sur le pont, sa lunette braquée sur le rivage, suivait dans leurs mouvements quelques bandes de cosaques qui se montraient dans le lointain :

— Et dire que je n'enverrai pas une prune

française à ces vilains singes ! s'écria-t-il en frappant du pied ; c'est pourtant bien tentant,

— Calcule donc la distance, dit un camarade, et tu verras que ce serait brûler sa poudre aux moineaux : l'espèce n'est pas assez belle, ma foi, pour risquer ainsi un boulet.

— Tiens, tiens, continua le canonnier, vois-tu ces autres là-bas. Ils s'approchent de la mer... je crois, Dieu me pardonne, qu'ils vont prendre un bain... Mille sabords ! je grille d'envie d'essayer encore une fois la portée de mon canon.

— Allons donc ! quelle folie ! fit le camarade.

— Ils sont au moins une douzaine, continua le canonnier, après avoir braqué une longue vue dans la direction ; je parie d'en tuer trois

— Trois cosaques ! s'écria l'officier de quart.

— Oui, mon lieutenant ; cela dépend de vous. Autorisez-moi à leur décocher une prune avec mon brutal.

— S'il en reste un sur la place, dit l'officier, je ferai tripler ta ration, ainsi que celle de tous les hommes de ta batterie.

— Ça va, lieutenant... Vous allez voir ce que vous allez voir : dam, le Provençal n'a pas la pépie aux yeux.

Quelques minutes après un boulet labourait la plage à l'endroit où étaient descendus les Russes, et trois Cosaques ne se relevèrent plus.

— Eh bien ! lieutenant, dit le Provençal, z'y n'y en a-t-il trois ?

— Oui, le compte est exact, répondit l'officier ; votre ration d'eau-de-vie sera triplée.

Mais revenons à la tempête du 14 novembre qui fut si fatale aux flottes alliées, surtout au *Henri IV* et au *Pluton :* cette tempête se fit sentir avec la plus grande fureur dans les parages d'Eupatoria. Cette ville, ainsi que nous l'avons déjà dit, était tenue en alerte continuelle par des milliers de cosaques et menacée d'une attaque sérieuse. Le *Henri IV* et le *Pluton* avaient dû mouiller le plus près de terre possible pour être à portée de défendre les approches de l'est de la place.

Le 11 au matin, une brise N.-O. présageait le beau temps. Sur le signal du *Henri IV*, le *Pluton* envoya deux canots et ses canots tambours pour embarquer des bœufs à bord du *Lavoisier*. Dans la journée, le baromètre descendit à sept cent quarante millimètres, de même qu'à Sébastopol et à Kamiesch. Enfin, le 14, éclata la tempête qui allait enlever à la marine un de ses plus beaux navires, le *Henri IV*.

Ce triste événement, dit le capitaine Jéhenne dans son rapport au vice-amiral Hamelin, commandant en chef l'escadre de la Méditerranée, fut occasionné par la rupture des quatre chaînes.

Toutes les précautions que conseillait la prudence avaient été prises; la bouée de l'ancre de babord, qui était celle qui travaillait avec les vents du large, avait cent vingt brasses, et le capitaine s'était enfourché N. et S. dès son arrivée. De plus, chaque fois qu'il ventait un peu frais, il laissait tomber l'ancre de veille de

tribord, qui était sa meilleure. Il n'avait pas
manqué de le faire le 14 , lorsqu'il vit la mauvaise apparence du temps. Il fit ensuite caler les
mâts de hune, amener les basses vergues sur le
porte-lof et mouiller sa seconde ancre de veille,
ce qui lui en mettait quatre dehors, c'est-à-dire
tout ce qu'il possédait; en effet, il en avait perdu
une à Battchick, par suite de rupture de chaîne
en dérapant, et une autre avait été cassée par
un boulet dans le combat du 17 octobre.

Il devait se croire en sûreté, avec quatre fortes ancres dehors, lorsque, dans une très forte
ravale avec sauts de vent, la chaîne de tribord,
chassa net au partage de la bitte. A onze heures,
celle de babord, qui avait souvent filé chaînon
par chaînon, et qui était arrivée à cent cinquante
brasses au moins, en fit autant. On en vint alors
à l'appel de l'ancre de veille de tribord, dont le
levier de stoppeur se brisa ; mais la chaîne ayant
fait une coque à l'écubier du puits, elle tint bon
au septième maillon , jusqu'à cinq heures dix
minutes du soir, instant où elle cassa dans un
coup de tangage.

Celle de babord, travaillant alors toute seule,
ne résista pas une minute, et ce fut avec terreur
que le capitaine entendit la double secousse
qui lui apprenait que tout espoir de résister à
la tempête était perdu, et qu'il ne lui restait
plus qu'à aller à la côte, comme l'avaient déjà
fait sous ses yeux, dans cette fatale journée,
douze ou quinze autres bâtiments, au nombre
desquels se trouvaient la corvette le *Pluton*,

arrivée depuis quatre jours seulement, et **un**
vaisseau turc portant pavillon contre-amiral.

Certain de n'être plus tenu par rien, le capi-
tain Téhenne fit hisser le petit foc pour faciliter
l'abattage du vaisseau sur tribord et éviter les
navires mouillés à terre à côté de lui; puis après
les avoir parés, il fit déborder l'artimon, afin
d'aller s'échouer le moins loin possible de la ville
et de pouvoir communiquer avec elle sans
être inquiété par les cosaques, qui ne manque-
raient pas de venir rôder autour du navire
échoué.

La nuit était très obscure lorsque le *Henri IV*
commença à toucher. Le capitaine fit en sorte
d'échouer l'avant à terre, perpendiculairement
à la côte ; mais d'énormes brisants, prenant le
vaisseau par la hanche de bâbord, le portèrent
petit à petit, pendant toute la nuit et même le
15 dans la matinée, dans une direction presque
parallèle au rivage ; le sable mouvant rempla-
çant à l'arrière la souille, à mesure que la carène
se déplaçait dans son agitation continue, il en
résulta, chose incroyable, que le navire fut dé-
jaugé de quatres mètres et demi à l'arrière et de
quatre mètre à l'avant, et qu'il ne se trouva
qu'à soixante mètres du rivage.

Voici quelle était la situation du *Henri IV*, le
15 novembre, au moment où le capitaine adressa
son rapport au vice-amiral Hamelin.

Incliné un peu sur tribord, presque parallèle-
lement à la côte, le cap au **N.-N.-E** ; la sonde
indique trois mètres 35 centimètres à l'arrière,

deux mètres trente centimètres à l'avant, **quatre**
mètres sur le revers à tribord.

Le *Henri IV* avait son gouvernail démonté,
ses ferrures brisées, de même que celles de l'é-
tambot; il n'avait plus d'autres ancres que celles
à jets. Deux des bouts de chaîne restés à bord
étaient engagés sous la quille; la chaloupe était
à la côte; le grand canot, le canot-major et la
baleinière se trouvaient entièrement hors de
service. Les deux canots moyens avaient été
aussi jetés à la côte à Eupatoria, où ils étaient
occupés, le 14 au matin, pour l'embarquement
des bœufs.

La mâture était intacte. Le capitaine fit déver-
guer les voiles et envoyer en bas les vergues et
manœuvres courantes. Au moyen d'un youyou,
il put établir un va-et-vient avec la terre; mais
la mer était encore trop grosse pour entrepren-
dre le sauvetage de cent dix malades qu'il avait
à bord. Il dut se contenter de faire passer au
commandant supérieur d'Eupatoria des munitions pour obusiers de montagne, en rempla-
cement de celles qu'il avait employées la veille
avec succès contre la la cavalerie russe.

Les batteries du *Henri IV*, restèrent chargées,
et il eu. l'occasion, dans la matinée du 15, de
faire usage des caronades pour faire rebrousser
chemin à une cinquantaine de Cosaques qui s'a-
vançaient au galop pour s'emparer des hommes
du youyou restés à terre, et qui ne pouvaient
réussir à remettre à flot cette petite embarcation.

« Voila, écrivait le capitaine Jéhenne au vice-

amiral Hamelin, la situation actuelle du *Henri IV*,
de ce beau vaisseau dont j'étais si fier.

» J'espère que ma santé se soutiendra assez
pour me permettre d'accomplir jusqu'au bout les
devoirs que j'ai à remplir envers l'Etat et envers
mon équipage ; quant à mon courage il ne fail-
lira pas. »

Le 15 au matin il n'avait pas encore pu communiquer directement avec le commandant du
Pluton; mais un officier était venu sur la plage
et lui avait fait dire par un de ses matelots que
son navire étant défoncé et son entrepont envahi
par la mer, il l'avait évacué sans perdre un seul
homme.

« Je n'évacuerai pas mon vaisseau, continuait
le capitaine Jéhenne, tant qu'il en restera un
morceau pour me porter et y faire flotter les
couleurs nationales. J'attends, amiral, les secours
qu'il vous sera possible de m'envoyer, afin de
sauver, en fait de vivres et de matériel d'armement, tout ce que je pourrai.

» Mon équipage, affaibli considérablement
par les détachements que j'ai fournis, tant pour
le siége de Sébastopol que pour la garnison
d'Eupatoria, se trouve réduit à un petit nombre
de matelots valides; d'où il résulte que les moin-
dres travaux sont pour nous très difficiles. Du
reste, amiral, je suis heureux de le dire, mon
équipage est admirable de zèle et de discipline ;
chaque homme tâche de doubler sa force et
vole à mon moindre mouvement. Quant aux
officiers, ils me secondent en tout, avec cette

parfaite entente du service et le dévouement de cœur dont je vous ai si souvent entretenu dans d'autres circonstances. Tout le monde a fait et fera son devoir jusqu'à la fin, avec la plus entière abnégation. Si la marine perd un de ses plus beaux vaisseaux, on ne peut s'en prendre qu'à la tempête, qui a été plus forte que nous, et nous a jetés à la côte, malgré tous les moyens employés pour lui résister. »

Le *Henri IV* n'était nullement endommagé, mais on avait la triste conviction qu'il ne pourrait être retiré que très difficilement. Il se trouvait enfoncé dans le sable de quatre mètres à l'avant et de deux mètres et demi à l'arrière. Dès le **16,** on commença d'en enlever les munitions et les objets qui pouvaient être immédiatement utilisés pour les autres navires.

« Le *Henri IV*, écrivit-on d'Eupatoria, le lendemain du sinistre, a creusé sa souille dans le sable de la plage, au S.-E. de la place. Il est là comme une citadelle avancée ; sa position dans la langue de sable qui sépare la plage du grand lac salé , est excellente pour commander Eupatoria du côté du sud. Déjà la cavalerie ennenemie, qui rôde dans les environs, l'a éprouvé à ses dépens. »

Le vice-amiral Hamelin, après avoir reçu le rapport du capitaine Jéhenne , fit débarquer cinquante-cinq bouches à feu du *Henri IV*, cinq cents marins fusiliers et trente chefs de pièces, qui furent appelés à coopérer conjointement avec les troupes de terre. Le sauvetage s'effectua avec le plus grand ordre, et les objets sauvés furent placés sur la *Sirène*.

Le capitaine Jéhenne ne quitta son vaisseau que le 17 décembre; le *Henri IV* conserva un détachement de marins, sous le commandement du lieutenant de Las Cazes.

Le *Véloce* transporta le capitaine Jéhenne et son état major à Kamiesch, d'où il partit immédiatement pour Constantinople. Il était accompagné de MM. Cuisinier-Delisle, Barry et Alquier, lieutenants de vaisseau de quart; il se rendait en France, pour rendre compte au conseil d'amirauté de la perte du *Henri IV*.

Le capitaine Jéhenne, traduit devant le conseil d'amirauté, a été acquitté dans les termes les plus honorables pour lui, pour ses officiers et pour son équipage.

(Extrait de l'Histoire des Vaisseaux,
par M. J. M. Cayla.)

NAUFRAGE DE LA FRÉGATE LA SÉMILLANTE,

Dans les Bouches de Bonifacio, le 15 février 1855.

La *Sémillante* partit de Toulon, le 14 février 1855, pour se rendre dans l'Orient. Elle portait six cent quatre-vingt-quatorze matelots ou passagers ; ce personnel n'avait évidemment rien d'exagéré à bord d'une frégate de premier rang. En effet, armée en guerre, elle aurait reçu cinq cent quinze hommes de moins qu'elle n'avait à sa dernière traversée, et l'espace rendu libre par le débarquement de soixante bouches à feu lui donnait amplement de quoi loger, et au-delà, cette différence d'effectif.

Quant au chargement, le matériel de la *Sémillante* se bornait à sept cents tonneaux, poids insignifiant si l'on considère que le chiffre total de l'armement et du chargement d'une frégate de soixante canons peut aller jusqu'à douze cent cinquante tonneaux.

Partie de Toulon le 14 février, avec une brise d'ouest assez fraîche, la *Sémillante* dut gouverner de manière à passer par le canal qui sépare la Sardaigne de la côte d'Afrique.

Les marins savent tous que, en dépassant la parallèle des Baléares, il arrive souvent que les vents d'ouest, qui dépendaient du nord avant d'atteindre cette limite, ont une tendance marquée à hâler du sud, à partir de ce point. Il est donc plus que probable qu'à partir du moment où la frégate parvint à cette hauteur, les vents lui refusèrent et la rapprochèrent de la côte de la Sardaigne. Dans cette cette conjecture, le commandant Jugan en marin expérimenté, et afin d'éviter, par gros temps et forte mer, de se laisser affaler sur la terre et d'être contraint à louvoyer, prit le parti de donner dans les bouches de Bonifacio : c'était en effet la seule manœuvre à prendre.

Mais qu'advint-il ensuite ? La tempête du 15 était parvenue à un maximum de densité effrayant ; le phare de l'île Razzoli était embrumé par l'effet du temps. Dans ces fatales circonstances, la *Sémillante*, entraînée avec une vitesse impossible à maîtriser, par un vent d'ouest d'autant plus terrible qu'il était resserré entre deux côtes formant entonnoir, donna avec une violence incalculable sur l'écueil de Lavezzi.

Ce fut, en effet, sur l'îlot de ce nom que des pêcheurs recueillirent d'abord un chapeau de marin, puis des débris de sabres d'artilleurs, de fusils, d'ffets militaires. Ces débris formaient comme une montagne d'objets brisés en morceaux et en quelque sorte hachés.

Des recherches immédiatement entreprises par les soins de l'autorité maritime, de la douane, du commandant de Bonifacio, des embarcations de l'aviso à vapeur de l'Etat l'*Averne*, firent bientôt retrouver d'autres épaves ; de morceaux de carcasse de navire, des mâts, des vergues garnies de leurs voiles ferlées, des chapeaux de matelots, un reste de soutane, des képis, des shakos, enfin le livre-journal de la *Sémillante*.

Plus de doute dès lors ! cette belle frégate s'était perdue corps et bien, après avoir épuisé toutes les ressources nautiques pour lutter contre un élément terrible, presque à la même heure où cette même tempête engloutissait, près de Gibraltar, l'*Hécla*, une des plus belles corvettes de la marine anglaise.

La sensation que produisit cette funeste nouvelle dans toute la France fut profondément douloureuse.

En exécution des ordres du ministre de la marine et des colonies, l'aviso à vapeur de l'Etat l'*Averne*, procéda à de nouvelles perquisitions, dans le but de parvenir enfin, sinon à sauver quelques malheureux naufragés échappés du désastre de la *Sémillante*, au moins leurs dépouilles, et recueillir quelques renseignements sur cette catastrophe maritime.

Cette fois l'*Averne* réussit dans la seconde partie de sa mission, et on acquit la preuve que la frégate avait péri devant des circonstances de force majeure heureusement assez rares.

Parti de Livourne le 28 février, l'*Averne* toucha, le premier mars au matin, à Porto-Vecchio, pour y prendre des renseignements, et arriva le même jour, vers midi à l'îlot de Lavezzi, sur lequel s'était perdu la *Sémillante*.

Le spectacle que présentait cette côte était navrant, et donnait une terrible idée de la furie de l'ouragan qui avait pu briser en morceaux un bâtiment de cette force.

Le commandant de l'*Averne* visita d'abord en embarcation les différentes criques où se trouvaient les principaux débris ; puis, dirigé par le patron de l'*Aigle*, qu'il trouva sur les lieux, il fit par terre le tour de l'île. Il ne tarda pas à perdre tout espoir de trouver quelques uns des malheureux qui étaient à bord, et même de connaître exactement le moment du sinistre et les circonstances qui l'avaient occasionné.

Dans la journée du 15 février, de la partie de l'O.-S.-O., une tempête, comme les vieux marins du pays ne se souviennent pas d'en avoir jamais vu, éclata dans les bouches de Bonifacio et dura de cinq heures du matin jusqu'à minuit, presque constamment avec la même violence. A une distance de deux lieues, la campagne fut couverte de sel ; l'atmosphère ne permettait pas d'y voir à dix pas.

Ce fut dans ces circonstances que la *Sémillante* dut donner dans les bouches de Bonifacio. Poussée par la tempête, la frégate dut toucher d'abord sur la pointe S.-O. de l'île Lavezzi ; c'est là, en effet, que l'on trouva d'abord quelques tronçons de ses mâts et de ses vergues brisés, encore à flot, et retenus dans cette position par un enchevêtrement de cordages fixés au fond.

Au milieu de ces tronçons se trouvait aussi à flot, un morceau de la coque de la frégate, qui paraissait provenir de la partie comprise entre les porte-haubans de misaine et la flottaison. Toute la partie de l'île était jonchée de menus débris et de morceaux de la coque, de nulle valeur. Quatre mortiers seuls paraissaient par un fond d'environ quatre mètres. Le premier mars, on trouva une voile d'embarcation sur laquelle était écrit :

SÉMILLANTE , YOLE, N° 1.

A cette même date, on n'avait encore retrouvé que trois corps qui parurent être ceux d'un matelot, d'un soldat et d'un caporal : ils furent enterrés sur l'île.

Le lieutenant de vaisseau Bourbeau, après avoir reconnu cet état de choses, laissa sur les lieux M. Farines, enseigne de vaisseau, avec deux lancelles, un grand canot, une balcinière, un youyou, des apparaux, tous les outils de charpentier, et trente-cinq hommes pour opérer le sauvetage et faire toutes les recherches qui pourraient amener des découvertes de nouveau débris ou de nouveaux cadavres.

Le commandant de l'*Averne* fit encore explorer soigneusement chacun des rochers de ce petit archipel, mais sans espoir d'y faire aucune découverte importante, tous les autres débris ayant été entraînés au large par la violence et la direction de la tempête.

Après avoir pris ces dispositions, le lieutenant Bourbeau se rendit en Sardaigne, à Longo-Sardo et à la Madeleine, pour essayer d'y recueillir quelques renseignements sur ce terrible naufrage. Partout, en Sardaigne comme en Corse, il ne trouva que des suppositions. Tout le monde était d'accord sur la terrible furie de l'ouragan du 15 février, qui, dans ces parages, avait occasionné partout les plus grands dégâts, enlevé les toitures des maisons, arraché des arbres séculaires, et qui ne permettait aux personnes forcées de sortir de chez elles de le faire qu'en rampant.

Cet ouragan soufflait de l'O.-S.-O., et les bouches de Bonifacio ne présentaient plus qu'un immense brisant où l'on ne pouvait plus rien distinguer ; la mer était tellement déchaînée et l'embrun si épais, si élevé, que la *Sémillante* devait en être couverte à une grande hauteur et inondée, sans que personne à bord pût distinguer le bout du beaupré. Il n'y avait pas de frégate au monde capable de présenter le travers à une aussi terrible tempête.

M. Bourbeau interrogea tout le monde en Sardaigne : commandants militaires et civils, capitaines de ports, gardiens de phares. Voici le seul renseignement qu'il put recueillir.

Le chef du phare de la Testa lui déclara que, le 15 février, vers onze heures du matin, une frégate dont il ne comprenait pas bien la manœuvre, ce qui lui avait fait supposer qu'elle avait des avaries dans son gouvernail, venait, à

sec de voile, de la par.e du N.-O., se dirigean
sur la plage de Reina-Maggiore, près du cap de
la Testa, où il pensa't qu'elle allait se briser,
lorsqu'il la vit hisser sa trinquette et venir sur
bâbord, donnant dans le. bouches de Bonifacio,
où l'horizon était tel qu'il l'eut bientôt perdue
de vue.

Sous le rapport de l'heure du sinistre, cette
déclaration se rapprochait d'une autre qui avait
été déjà faite à M. Bourbeau par un berger de
Lavezzi ; ces deux rapports paraissaient avoir
une certaine valeur qui tendait à fixer le moment
du naufrage du 15 janvier, vers midi.

Cependant le gardien du phare de la Testa,
dans une première déclaration faite à d'autres
personnes, avait d'abord dit que c'était une frégate à vapeur. Quand M. Bourbeau insista sur
cette différence, il lui répondit, ce qui n'était
malheureusement que trop vrai, que l'on ne dis-
tinguait que très mal et à une bien petite distance, et seulement par suite de l'élévation du
phare.

La mer était si forte que les glaces du phare
étaient couvertes d'une épaisse couche de sel
qu'il ne fallait pas songer à faire disparaître, Il
en était de même à Bazzoli. A la Madeleine, le
commandant de l'*Averne* ne put avoir aucun
renseignement. Les gardiens du phare de Bazzoli
n'avaient rien vu ; sur toute la côte de Sardaigne on n'avait trouvé d'ailleurs ni débris, ni
vestiges du naufrage.

La plus impérieuse, la plus pressante des instructions données par M. Bourbeau à l'officier qu'il laissa sur l'île de Lavezzi, était celle de rechercher tout d'abord avec le plus grand soin les cadavres des malheureux qui avaient péri dans le naufrage de la *Sémillante*, afin de les préserver le plus tôt possible de toute souillure, et de faire disparaître immédiatement un aussi douloureux spectacle.

L'exécution de ces ordres amena d'abord la découverte de soixante cadavres, la plupart nus; ces infortunés avaient eu le temps de se déshabiller pour lutter plus facilement contre la mer. Ils étaient presque tous méconnaissables ; dans le nombre cependant on crut reconnaître un prêtre, aux bas de soie noire dónt il était porteur, l'abbé Carrières, aumônier de la *Sémillante*.

Le spectacle que présentait alors la partie sud et l'île de Lavezzi, où étaient dispersés les débris de la frégate, était quelque chose d'affreusement douloureux. Sur ce point, au milieu de petites criques qui ne sont point indiquées sur la carte de Hell, les cadavres apparaissaient par groupes, tous dans un état affreux, l'air en était infecté.

Le corps du commandant Jugan fut aussi retrouvé et reconnu seul d'une manière positive ; il était en uniforme ; et même, sans cette circonstance, il était très reconnaissable pour les officiers, par suite de la légère difformité d'un de ses pieds. Son état de préservation était dû au paletot d'uniforme dans lequel on le trouva encore entièrement boutonné.

La mort frappa donc ce brave et infortuné capitaine faisant courageusement son devoir, et luttant jusqu'au dernier moment pour les autres, sans songer un seul instant à lui-même !

Des soins particuliers lui furent rendus ; on le mit dans une bière avec deux couvertures. A mesure qu'on découvrait de nouveaux cadavres on les roulait avec soin dans une couverture, puis on les plaçait sur une civière pour les porter au lieu désigné où une fosse particulière les recevait aussitôt.

Ces devoirs étaient bien rudes a remplir pour les pauvres matelots ; plusieurs en furent tellement impressionnés qu'ils ne purent continuer ce service ; d'autres ne le remplissaient plus qu'en pleurant à chaudes larmes.

L'abondance des cadavres qu'on découvrait à chaque instant, presque tous en état de putréfaction, et les difficultés du transport, nécessitèrent l'ouverture d'un second cimetière ; on fut même obligé de renoncer momentanément au sauvetage des débris.

Le dimanche matin 4 mars 1855, l'*Averne* partit de Bonifacio, portant à Lavezzi les curés de haute et de la basse ville, le juge d'instruction et son greffier, cinquante soldats, deux caporaux, uu sergent et un officier. La cérémonie religieuse pour la sépulture des marins de la *Sémillante* eut lieu à midi précis, et tout le monde y assista avec un douloureux recueillemement. Le lieutenant de vaisseau Bourbeau ne jugea pas à propos de faire rendre encore les honneurs militaires, parce qu'on découvrait à chaque instant de nouvelles victimes.

Voici l'inscription qu'il fit mettre sur la tombe de l'infortuné commandant :

CI-GIT : G. JUGAN.

CAPITAINE DE FRÉGATE , COMMANDANT LA SÉMIL-LANTE, NAUFRAGÉ LE 15 FÉVRIER 1855.

Et plus bas :

LAVEZZI , 5 mars 1855.

Chaque tombe fut surmontée d'une croix , et deux grandes croix de treize mètres de hauteur faites des débris des bouts dehors de la *Sémillante*, furent placées en tête des deux cimetières, situés l'un dans l'ouest, l'autre dans l'est de l'île.

Tel a été le mystérieux et terrible dénoûment de ce drame maritime dont fort heureusement on trouve peu d'exemples dans notre histoire navale. La France a payé aux victimes son tribut de larmes et de regrets; la munificence gouvernementale et publique est venue en aide aux veuves et aux orphelins.

(Extrait de l'Histoire des Vaisseaux,
par M. J. M. Cayla.)

NAUFRAGE DU PAQUEBOT LE SAMPHIRE,

le 14 décembre 1865.

Dans la nuit du 13 au 14 décembre 1865 le paquebot des dépêches anglaises le *Samphire* était parti de Douvres pour Calais, avec 140 passagers. Une brume épaisse rendait l'obscurité plus profonde. Le paquebot était arrivé à environ dix milles de la côte anglaise, quand un choc épouvantable vint jeter l'épouvante parmi les voyageurs. Le paquebot venait d'être heurté par le bâtiment américain le *Fanny Boock*.

L'armature en fer du bâtiment américain était entrée dans l'avant du paquebot, qui reçut une secousse effrayante.

Au moment de la collision, deux hommes ont sauté ou ont été lancés par dessus le bord du paquebot : l'un, M. Laynelet, voyageur pour la maison de MM. Bockering, de Paris, n'a plus été aperçu ; l'autre est un étranger, un Russe, dit-on, qui a lutté quelque temps avant de périr. On lui avait lancé une ligne de sauvetage, dont il put se saisir ; mais il était lourdement vêtu, il avait un manteau très épais, il a dû lâcher prise. Le capitaine du bateau, M. Bennett, sauta à la mer et parvint à lui passer la ligne autour du corps ; mais soit quelle fût mal attachée, soit que ses vêtements , rendus trop lourd par l'eau, l'aient , fait glisser aa moment de toucher le bord , et le malheureux voyageur retomba on ne le revit plus.

Sur le paquebot , le désordre , les cris de désespoir des passagers , les pleurs des femmes et des enfants offraient un spectacle d'autant plus navrant, qne le paquebot mis dans l'impossibilité de continuer sa route à la suite des avaries qu'il avait éprouvées , ne pouvait , dans le moment , attendre de secours que ceux que la Providence lui adresserait miraculeusement au milieu des flots et de la nuit.

Le capitaine, néamoins, ne perdit pas courage et , secondé par quelques passagers intrépides, auxquels le désespoir donnait de nouvelles forces, il fit mettre à la mer plusieurs embarcations montées par des matelots du vapeur pour retourner à Douvres y porter la triste nouvelle et en ramener les secours nécessaires. Mais ces secours, il fallait les attendre pendant plusieurs heures, et ces heures ne pouvaient être qu'une bien longue suite d'angoisses , car le paquebot faisait déjà de l'eau ; heureusement , sa construction particulière permettait d'isoler différentes parties de l'intérieur. Néanmoins , si les secours tardaient trop , il devenait certain qu'il irait rejoindre dans l'abîme le bâtiment marchand, cause première de cet affreux sinistre de mer , car le *Samphire* avait sombré à l'instant sous la violence du choc , et s'est perdu corps et biens.

Enfin après trois neures de la plus navrante anxiété et au moment même où l'on s'occupait à faire ces radeaux destinés à prolonger l'existence de quelques-uns seulement des malheureux naufragés, un paquebot de secours est arrivé, sur les quatre heures du matin, et a pu recueillir les victimes menacées d'une mort imminente. Le transbordement s'est fait avec beaucoup d'ordre, en commençant par les femmes et les enfants, et le vapeur lui-même, soulagé de son chargement, a pu se soutenir sur l'eau et être ramené à Douvres, où l'attendait toute la population, profondément émue par la nouvelle du sinistre.

A la marée basse, quand on eut rejeté l'eau des cabines, on aperçut les cadavres de deux dames et d'un voyageur, qui avaient été noyés probablement au moment même de la collision dans la cabane de l'avant. C'étaient miss Baines, de Yalding (Kent), et sa compagne miss Kenny. Le voyageur était M. Martin de Croez, de Gravelines.

L'enquête qu'on doit faire jettera peut-être quelque lumière sur la véritable cause dé l'accident, qu'on ne sait comment s'expliquer, puisque les deux bâtiments avaient, dit-on, leurs lanternes allumées, et que tous deux pouvaient voir, malgré le brouillard, les lumières de l'autre.

NAUFRAGE DU BORYSTHÈNE

le 15 décembre 1865.

De toutes les relations qui ont paru sur la perte du *Borysthène*, bâtiment de la Compagnie impériale naufragé dans la traversée de France à Oran , dans nos possessions d'Afrique, aucune ne dépasse celle que nous empruntons au *Journal de l'Aisne* d'après une lettre particulière de M. Verette, chirurgien aide-maoir , miraculeusement échappé à cet épouvantable désastre.

« Oran, ce 26 décembre 1865.

» Mes chers et bons parents,

» Le navire le *Borysthène* , qui nous portait en Afrique , s'est jeté sur un rocher le soir ; il s'est brisé en deux et a sombré à une distance d'environ 25 kilomètres de la côte. Comment ai-je échapé à la mort ? Je n'en sais rien, absolument rien. Je l'ai vue de si près que je m'étais résigné. J'attendais mon tour. Notre agonie a duré sept mortelles heures au milieu de la nuit, au milieu des mugissements du vent et des flots. Sur 250 passagers, nous avons eu 70 morts. Bien des détails m'ont

échappé de ce drame affreux ; je vais vous raconter ce que j'ai vu.

» Il y avait à bord sept ou huit dames , des
enfants, un prêtre, des négociants de Marseille,
un détachement du 55ᵉ de ligne, envoyé à Tlem-
cen, des colons, des Arabes, des zouaves, quatre
de mes collègues du Val-de-Grâce, MM. Godard,
Dogny , Roux et Weber, puis une vingtaine
d'hommes d'équipage...

» Le vendredi 15 , jour de malheur ! le
commandant du navire nous assura qu'entre
dix et onze heures du soir nous arriverions à
Oran. Grande fut notre joie , car c'est vraiment
bien triste de ne voir pendant deux grandes
journées que le ciel et l'eau ; et puis ce mouvement perpétuel de navire vous fatigue et vous
ennuie ; on soupire après la terre. Au dîner , il
y eut beaucoup de gaîté. A huit heures on bou-
clait ses sacs de nuit pour être plus tôt prêts à
débarquer. A neuf heures et demie du soir, nous
étions encore sur la dunette à causer. La mer
devint tout-à-coup plus mauvaise ; j'allai me
me coucher ; mais le roulis m'empêchait de
fermer les yeux ; je m'en plaignis à mon voisin
qui ne me répondit pas : il dormait comme un
bienheureux.

» Je sommeillais cependant depuis environ
une heure, quand j'entendis une voix crier :
« Stop, nous sommes dessus , machine en
arrière, vite. » Puis le bruit sourd de l'hélice
cessa de se faire entendre ; le bâtiment sembla
s'arrêter , on courait sur le pont.. « Allons ,

allons, dis-je à mon voisin, nous sommes arrivés, nous entrons dans le port , on manœuvre en haut. » Tout en disant cela et comme saisi d'un vague pressentiment, je saute à bas de mon hamac pour monter sur le pont . Au même instant un craquement terrible, indéfinissable , se fait entendre , accompagné de secousses si violentes que je tombai à terre; puis j'entends un matelot qui crie : « Mon Dieu nous sommes perdus, priez pour nous ! »

» Nous venions de toucher le rocher et le navire s'entr'ouvrait ; l'eau entrait dans la cale on l'entendait bouillonner. Les soldats qui couchaient sur le pont, se sauvent pêle-mêle, n'importe où, en poussant des cris affreux ; les passagers à demi nus s'élancent hors des cabines ; les pauvres femmes s'accrochaient à tout le monde en suppliant qu'on les sauvât ; on priait le bon Dieu tout haut. On se disait adieu. Un négociant arme un pistolet et veut se brûler la cervelle , on lui arrache son arme. Les secousses continuaient ; la cloche du bord sonnait le tocsin , mais le vent mugissait affreusement , la cloche n'était point entendue à 50 mètres. C'étaient des cris , des hurlements , des prières. C'était je ne sais quoi d'affreux , de lugubre , d'épouvantable , jamais je n'ai vu, jamais je n'ai lu de scène aussi horrible , aussi poignante. Etre là, plein de vie, de santé , et en face une mort que l'on croit certaine , et une mort affreuse !

» En ce moment suprême et indescriptible ,

M. Moisset nous donna a tous la bénédiction.
La voix pleine de larmes de ce pauvre prêtre
recommandant à Dieu 250 malheureux que la mer
allait engloutir remuait toutes les entrailles.
Presque au même instant le navire versait tout
entier sur la côte. Nous avoins de l'eau jusqu'aux
épaules ; il fallut nager jusqu'à la rampe de
l'escalier qui conduisait sur le pont ; c'est alors
qu'on n'entendit plus un cri, chacun se sauvait
sans proférer une parole. Arrivé au bas de l'escalier, j'aperçois Dogny nageant près de moi. Nous
montons tous deux, mais arrivés en haut, la
porte était fermée, et nous entendons crier :
« Gare, le grand mât va tomber ! » On l'abattit à
coups de hache, mais bientôt une lame enlevait
les matelots occupés à ce travail.

Au haut de l'escalier se trouvait un petit
tambour en tôle qui en recouvrait l'entrée.
Deux petites lucarnes étaient pratiquées dans
le tambour, la porte étant fermée nous ne
pouvions l'enfoncer, et Dogny me dit : « Nous
sommes perdus, l'eau monte dans l'escalier. »
En passant la tête par la lucarne que vois-je !
Roux, Godard et Weber, accroupis sur le haut
du tambour et se cramponnant comme ils pouvaient. Ils m'aperçoivent et me crient : « Vite,
Vérette, vite, passe par la lucarne, nous sommes perdus ! » Ils m'ont tiré tant et si bien que
je suis passé et Dogny ensuite. Nous voilà donc
tous les cinq sur un espace où trois personnes
auraient été fort gênées, derrière nous la mer
furieuse, à droite la mer encore ! Au bout d'une

minute, nous entendons des cris, c'était l'arrière
tout entier du navire qui craquait et s'engouffrait
tout d'un coup, entraînant avec lui une vingtaine de personnes, puis le silence !

La nuit était noire et les vagues d'une phospho-
rescence telle qu'elles nous retombaient sur le
dos comme une pluie de feu ; cela sentait l'éther,
la créosote. Jamais je n'avais vu cela. Les lames
balayaient le pont avec une rage inouïe , entraînant tous ceux qui ne se cramponnaient pas ; on
les entendait venir de loin et quand elles arri-
vaient on baissait la tête et on se serrait les uns
contre les autres. Nous en avons reçu de si violentes que nous craignions que le tambour de
l'escalier sur lequel nous nous trouvions ne
craquât et ne nous entraînât dans sa chute.
Weber me disait : « Vérette , nous allons mourir , mais si un de nous se sauve , qu'il jure
d'écrire à nos parents aussitôt qu'il le pourra. »

» Nous nous sommes serré la main plus de
dix fois en nous disant adieu. Les vagues ne
nous laissaient plus de repos. L'eau nous coulait
dans le dos , nous en avions plein les yeux et la
bouche. Quand une vague balayait le pont, on
voyait encore se détacher quelqu'un d'un groupe
glisser sur la pente inclinée du pont ; le malheureux criait : « O mes amis ! » La vague se reti-
rait en l'emportant , et c'était tout ; d'autres
criaient : « Soutenez-moi, je glisse, je suis perdu ! » Un contrôleur voit sa femme enlevée par
une lame , elle avait son enfant de dix-huit mois
sur les bras ; ne pouvant la retenir il saute dans

la mer en disant : « Nous mourrons ensemble. »
Le vicaire , M. Moisset, a coulé près de moi , je
lui ai tendu la main , mais il l'a manquée et il
s'est accroché au bas de mon pantalon ; le morceau lui est resté dans la main et la lame l'a enlevé.

» Vers trois heures du matin , nous essaya-
mes de quitter notre refuge et de grimper sur
le bord non submergé du navire ; mais, pour
accomplir ce trajet, il nous fallait franchir un
espace de trois ou quatre mètres en montant
une pente presque verticale et glissante comme
du savon gras. Impossible de tenter une pareille
escalade , d'autant plus qu'il fallait grimper dans
l'intervalle de deux vagues. On nous jeta alors
une corde que nous nous passâmes autour du
corps , et les soldats qui avaient pu réussir à
se mettre à cheval sur le bord qui était hors de
l'eau nous montèrent chacun notre tour. En
arrivant , un soldat me reconnut : « C'est vous,
M. le major , me dit-il, donnez-moi la main ,
tenez-vous bien et laissez-vous aller. » Il me
hissa ; après moi, Dogny , Roux , Godard et
Weber. On organisa alors avec une corde une
espèce de va-et-vient, car à 50 mètres de nous
environ se trouvait le gros rocher contre lequel
nous avions échoué , mais le tout était de se
porter sur le rocher. La corde devait nous
servir de pont volant.

» On mit un canot à la mer il fut brisé en
mille morceaux ; un second eut le même sort
et les quatre marins qui le montait furent en-

gloutis. C'est alors qu'un matelot nommé Leblanc, à qui nous devons tous la vie, s'attacha la corde autour des reins et se lança dans les flots à la grâce de Dieu. Cinq fois, avec un courage surhumain, il tenta l'abordage, cinq fois il fut repoussé et meurtri ; enfin, il atteignit le rocher et fixa la corde. Nous passâmes alors sur ce pont volant.

» A 9 heures du matin, tout le monde était sur le rocher. On se compta: il y avait 70 morts. La mer en amena trois sur le rocher; on leur prit leurs souliers et on les donna à ceux qui n'en avaient plus. On fit du feu avec les planches des canots brisés et l'on mit des mouchoirs blancs au haut de grands bâtons pour être aperçus et secourus. C'était alors notre seule cloche d'alarme. Le rocher forme une petite île complétement dépourvue de terre, aride et à pic, pas d'eau à boire et rien à manger, transis de froid, mouillés jusqu'aux os, pouvant à peine nous tenir sur nos jambes, tant nous étions épuisés ; voilà notre situation ! Enfin vers midi, une balacnelle, montée par des corailleurs espagnols, aperçut nos signeaux et la fumée de nos feux ; elle approcha et nous jeta un sac de biscuits de mer, du pain et du tabac, puis cingla vers Oran pour annoncer notre naufrage.

» L'après-midi il plut. On fit placer dans les anfractuosités du rocher, à l'abri de la pluie, les femmes les enfants, les malades ; les soldats donnaient leurs capotes à ceux qui s'étaient sauvés de leurs cabines sans être vêtus. On pas-

sa la nuit sur les rochers autour des feux que
nous avions allumés. Pendant ces deux jours ,
nous couchâmes à la belle étoile , nous chauffant
avec des herbes sèches et avec les débris du navire et allant puiser dans les creux du rocher
de l'eau de pluie mêlée avec l'eau de mer. C'est
là que je connus , chers parents , les premières
privations : nous avions deux fois par jour ,
pour tout repas , un petit morceau de pain gros
comme un œuf de poule, et rien à boire ! Enfin
le dimanche 17, à dix heures du matin , nous
vîmes arriver cinq balancelles espagnoles. On
s'embrassait , on se serrait dans les bras l'un de
l'autre : nous étions sauvés. On monta d'abord
les femmes, les enfants et les malades, puis tout
le reste suivit.

» A une heure de l'après-midi, nous entrions
dans le port d'Oran, où une foule immense nous
attendait sur le quai ; tout le monde nous tendait les bras ; les hommes agitaient leurs chapeaux en l'air et les dames leurs mouchoirs.
Nous avions les costumes les plus bizarres : ainsi
Mme Munier , dont le mari est conservateur des
hypothèques à Mascara , avait une capote de
soldat ; son mari avait ses pieds enveloppés dans
des morceaux de pantalon déchiré, etc., etc.
Moi, j'avais ma tunique, plus de képi, mais un
mouchoir autour de la tête , mes bottes abîmées
comme tout le reste par l'eau de mer, le pouce
de mon pied passant au travers, mon pantalon
arraché par ce pauvre prêtre qui s'était noyé
et je ne pouvais plus me tenir sur mes jambes

en arrivant à terre. J'étais hébété et je croyais
rêver.

» Jai tout perdu , mes malles , mes chiens ,
pauvres bêtes ! je n'ai pas eu le temps de les
détacher. Jai sauvé ma giberne, que j'avais passée autour de moi au moment du naufrage , ma
montre, ma trousse qui se trouvait par hasard
dans ma poche , mon révolver que j'avais mis à
la hâte dans ma ceinture , mais tout cela dans
quel état ! Enfin ma couverture de voyage, celle
que tu m'as donnée au départ , bonne mère , les
vagues l'ont amenée sur le rocher le lendemain
matin ; un soldat me l'a rapportée. »

FIN.

TABLE.

—

Naufrage du *Sydney*.   5

—   du navire *la Dobroya-Namerenia*.   14

—   de la frégate *la Méduse*.   35

—   du vaisseau *l'Alceste*.   57

Incendie de la goëlette *les Six-Sœurs*.   80

Naufrage de *la Nathalie*.   84

—   du vaisseau *le Henri IV*.   110

—   de la frégate *la Sémillante*.   122

—   du paquebot *le Samphire*.   132

—   du *Borysthène*.   135

FIN DE LA TABLE.

Limoges. — Imp. F. F. Ardant frères.